DIE DEUTSCHE
MARINE

THE GERMAN NAVY

HANNES EWERTH · PETER NEUMANN

„ Ein Staat, der seine Küsten nicht schützen,
seine Interessen auf See nicht wahren
und seine Seeverbindungen nicht sichern kann,
wird seine Souveränität nie wirklich besitzen.

Er braucht eine Marine, die die Sicherheit unterstützt
und dem Staat den Rückhalt gibt,
der erforderlich ist, um politisch agieren und
internationalen Handel für das eigene Land betreiben zu können.

Eine Marine trägt dazu bei, die Interessen eines Staates
auch ausserhalb der Landesgrenzen zu schützen. „

Die Deutsche Bibliothek – CIP-Einheitsaufnahme
Ein Titledatensatz für diese Publikation ist bei
der Deutsche Bibliothek erhältlich

DIE DEUTSCHE MARINE
THE GERMAN NAVY

ISBN 3-8132-0672-6

© 1999/2000 Hannes Ewerth, Peter Neumann
   Verlag/Publisher: E.S. Mittler & Sohn, Hamburg

Übersetzungen/Translations: Christopher Watson, Hamburg
                                     Peter Neumann

Design/typographie: YPS Peter Neumann
Schlußredaktion/Final Editing: Catrin Ochsen-Leslie
Produktion: YPS

Bildnachweis/Picture credits
Raketenabschuß, Seite 26:   Presse-/Informationszentrum Flotte – S. Görlich
Superservant/SSK Kilo, Seite 88:   Flottenkommando
Flottendienstboot, Seite 98:   Flottenkommando

INHALTSVERZEICHNIS
C O N T E N T S

VORWORT

Seit Menschengedenken ist die See Medium für friedlichen Handel, Transportbahn für Verkehr, Quelle für Nahrung und Rohstoffe, aber auch Ort und Rollbahn kriegerischer Auseinandersetzungen. Viele Interessen begegnen sich zur See.

196 der Länder und Territorien auf unserer Weltkarte verfügen über Küsten. Von der Weltbevölkerung leben wiederum ca. 70 Prozent weniger als 200 Nautische Meilen von der Küste entfernt und somit im Einflußgebiet maritimer Interessenentfaltung.

Seeschiffahrt bedeutet vor allem Außenhandel. 95 Prozent des Interkontinentalen Warenverkehrs werden heute über See abgewickelt. Selbst im innereuropäischen Ausland sind es noch mehr als 35 Prozent. Die Bundesrepublik Deutschland wickelt mehr als 60 Prozent ihres Handels über See ab. Vor diesem Hintergrund wird deutlich, welch herausragende Bedeutung die Schiffahrt für eine moderne, exportorientierte Industrienation wie Deutschland hat.

Nur wer die Gesamtheit allen staatlichen und wirtschaftlichen Handelns, das die maritimen Kräfte und Ressourcen Deutschlands zusammenführt, die Handelsschiffahrt, Fischerei, Tiefseebergbau, Seerecht, Schiffbau und Seestreitkräfte in ihren Wirkungszusammenhängen erkennt und entsprechend aufeinander abstimmt, wird dieser Abhängigkeit gerecht.

Auch nach der Wiedervereinigung Deutschlands, nach dem Wegfall des Ost-West-Konfliktes, haben sich diese Parameter nicht grundsätzlich geändert. Heute geht es um das Gestalten des Wandels, besonders im Rahmen der sicherheitspolitischen Neuordnung Europas und seiner Peripherie.

Mit dem Zusammenbruch des sowjetischen Imperiums haben sich z.B. im Ostseeraum große Chancen aufgetan, eine dauerhafte partnerschaftliche Verbindung mit allen Anrainerstaaten einzugehen. Hier bietet sich wie in kaum einem anderen Seegebiet die Möglichkeit, im Rahmen des Kooperationsprogramms der NATO „Partnership for Peace" zusammenzuarbeiten und damit sichtbare Zeichen für die Bereitschaft der NATO zu setzen, mit allen Marinen in der Ostsee friedlich zusammenzuarbeiten. Mit dem Beitritt Polens in die NATO wird ein fast zehnjähriger Prozeß der Annäherung an das Bündnis erfolgreich abgeschlossen.

Die veränderten Verhältnisse nach 1990 stellten an das Nordatlantische Bündnis neue Anforderungen, die auch Auswirkungen auf Deutschland hatten. Die Folge war eine grundlegende konzeptionelle Neuorientierung der deutschen Streitkräfte und auch der Marine, und damit verbunden erhebliche Anpassungen ihrer Fähigkeiten, ihres Umfangs und ihrer Struktur.

Heute ist das Aufgabenspektrum der deutschen Streitkräfte und insbesondere der Marine geographisch weiter angelegt, militärisch vielfältiger und vor allem von größerer politischer Relevanz.

Die regionale Schwerpunktsetzung der deutschen Marine auf die Nordregion Europas ist weggefallen. Künftig muß die Marine in der Lage sein, überall dort eingesetzt zu werden, wo dies im Sicherheitsinteresse Deutschlands und aufgrund solidarischen Handelns mit der Völkergemeinschaft im Sinne der Friedenserhaltung politisch erforderlich werden könnte.

Neben dem Urmandat zur Landes- und Bündnisverteidigung rückt die Frage der Reaktion auf künftige Krisen und die Maßnahmen zur Sicherung oder zur Wiederherstellung des Friedens zunehmend ins Blickfeld.

Insgesamt fordert dieses weitgefächerte Aufgabenspektrum eine ausgewogene Flotte, die über Fähigkeiten zur Überwasser- und Unterwasserseekriegführung sowie zur Seekriegführung aus der Luft verfügt und die, auf der Hohen See und in küstennahen Gewässern gleichermaßen, operieren können muß, um den unterschiedlichen Anforderungen hinsichtlich Operationsgebiet, Bedrohung und Aufgabe gerecht werden zu können. Solche Streitkräfte stellen ein mobiles, rasch verfügbares und vom Wesen her weltweit und flexibel einsetzbares Mittel dar, das der politischen Führung Deutschlands eine Vielzahl von Optionen eröffnet.

Das Buch „Die Deutsche Marine" will die heutige Marine im Bild darstellen, wie sie mit ihren Soldaten an Bord der Boote, Schiffe und Flugzeuge oder aber an Land Ausbildung betreibt oder in Manövern und Übungen im Einsatz ist. Es soll ein zeitloses Bilderwerk sein, mit Szenen aus dem Leben der Marinesoldaten zu jeder Tages- und Nachtzeit. Es zeigt die Soldaten, die Waffen und die Systeme in Aktion, wie sie ins tägliche Bild der Marine gehören. Hier wird sich der aktive Marinesoldat ebenso erkennen wie der Reservist und der junge „Ungediente" kann die Marine im Bild erleben, bevor er seinen Dienst in der Praxis antritt.

Ausbildung und Einsatz an Bord und an Land, die Faszination der Technik und das Zusammenwirken von Systemen sind ebenso dargestellt wie Einsätze im Rahmen des Aufgabenspektrums.

Das Buch dokumentiert die heutige Marine und ihre Soldaten, in ihrer Vielseitigkeit an Aufgaben, wo kein Bild gestellt und keine Situation geschönt wurde. Es legt Zeugnis ab vom „Arbeitsplatz Marine" mit seinen unterschiedlichsten Facetten in den Bereichen Technik, Ausbildung und Einsatz.

Hannes Ewerth, Peter Neumann, Oktober 1999

Die feierliche Vereidigung der jungen Rekruten ist ein besonderer Anlaß, um Soldaten, deren Angehörige, Persönlichkeiten des öffentlichen Lebens und Gäste zusammenzubringen und die Bedeutung der Verteidigung für die Bundesrepublik Deutschland zu unterstreichen. So finden Vereidigungen (hier im Schloßhof Gut Olpenitz) in regelmäßigen Abständen auch in der Öffentlichkeit statt, um zu verdeutlichen, daß Verteidigung eine Aufgabe des gesamten Deutschen Volkes ist.

The oath-taking ceremony for the young recruits is a special occasion for bringing together servicemen, their relatives, personalities from public life and guests, as well as highlighting the importance of defence for the Federal Republic of Germany.
The oath-taking ceremonies thus also take place in public at regular intervals to underline the fact that defence is a task of the entire German people. (Photos taken in Schlosshof Gut Olpenitz.)

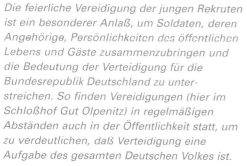

Zum Abschluß der Vereidigung ist ein bewegender Moment, wenn die vom Marinemusikkorps intonierte Nationalhyme gemeinsam gesungen wird / The national anthem marks the end of the ceremony – a moving moment for all.

DIE DEUTSCHE MARINE

Umfang und Ausrüstung von Seestreitkräften werden von den sicherheitspolitischen Rahmenbedingungen und den dadurch vorgegebenen Aufgabenschwerpunkten bestimmt. Forderungen an die Fähigkeiten von Seestreitkräften ergeben sich dabei u.a. durch Geographie und Hydrographie des Einsatzraumes.

AUFTRAG UND AUFGABEN

Die Beteiligung der deutschen Marine an der Durchsetzung des VN-Embargos gegen Restjugoslawien in der Adria war sichtbares Zeichen eines Prozesses, der mit den fundamentalen Umwälzungen in Europa am Ende der achtziger Jahre eingesetzt hatte. Gerade für Deutschland bedeutete dies erhebliche Veränderungen in der sicherheitspolitischen und militärstrategischen Lage. Die Folge war eine grundlegende konzeptionelle Neuorientierung der deutschen Streitkräfte und auch der Marine - und damit verbunden erhebliche Anpassungen ihrer Fähigkeiten, ihres Umfangs und ihrer Struktur.

Der Auftrag der deutschen Marine bestand in der Epoche des Ost-West Gegensatzes insbesondere darin, Nachschub und alliierte Verstärkungen für Zentraleuropa in der Nordsee zu sichern und die Ostseezugänge zu schützen – ein Auftrag, der sich im wesentlichen auf Landesverteidigung innerhalb des Bündnisses konzentrierte und der geographisch auf die Nordregion Europas begrenzt war. Dieser Auftrag und die feste Einbindung der deutschen Marine in die Struktur der Nordatlantischen Alli-

anz waren bestimmend für ihre Fähigkeiten, ihre Seekriegsmittel und ihren Umfang. Heute ist das Aufgabenspektrum der Deutschen Marine im Gegensatz zu der relativ statischen geopolitischen und geostrategischen Lage und Rolle Deutschlands während des Kalten Krieges geographisch weiter angelegt, militärisch vielfältiger und vor allem von größerer politischer Relevanz. Stärker als in der Vergangenheit sind die deutschen Streitkräfte ein Mittel nationaler Außen- und Sicherheitspolitik, zunehmend gewinnt die sicherheits- und militärpolitische Dimension des Auftrages an Bedeutung. Dies gilt ganz besonders für Seestreitkräfte, die als mobiles, rasch verfügbares und vom Wesen her weltweit und flexibel einsetzbares Mittel der politischen Führung Deutschlands eine Vielzahl von Optionen eröffnen.

Grundsätzlich beinhaltet der Auftrag der Deutschen Marine drei Kernfunktionen:

● Landes- und Bündnisverteidigung bleiben der originäre Auftrag; dieser Auftrag wie auch die feste Einbindung der Marine in das Nordatlantische Bündnis sind die bestimmenden Pfeiler ihrer konzeptionellen Auslegung.

Von der Bonner Hardthöhe führt der Inspekteur der Marine mit dem Führungsstab der Marine seine Teilstreitkraft, die in drei höhere Kommandobehörden, das Flottenkommando, das Marineamt und das Marineunterstützungskommando, gegliedert ist. Unter Berücksichtigung politischer, wirtschaftlicher, gesamtmilitärischer, marinespezifischer und NATO-Belange, bestimmt er den Kurs für Gegenwart und Zukunft der Deutschen Marine / The Chief of Staff German Navy determines naval politics from his headquarters in the Hardthöhe/Bonn.

Hieraus leiten sich primär die Fähigkeiten und damit die Struktur, die Ausrüstung und die Ausbildung der See- und Seeluftstreitkräfte ab. Im Rahmen dieses Auftrags steht die Marine nach wie vor bereit, zusammen mit den Partnern des Nordatlantischen Bündnisses Küsten, Hoheitsgewässer und die für den Handel wichtigen Seeverbindungen zu schützen und in diesen Seegebieten präsent zu sein.

● Als zweiter Auftrag kommt für die deutsche Marine hinzu, im Rahmen des Bündnisses, des sich einenden Europas oder aber der internationalen Staatengemeinschaft einen maritimen Beitrag zur Krisenbewältigung und Konfliktverhinderung zu stellen. Der Einsatz deutscher Minensucher vor Kuwait, die Evakuierung des Heereskontingents aus Somalia und der Einsatz deutscher Zerstörer/Fregatten und Seefernaufklärer in der Adria zur Umsetzung internationaler Beschlüsse machen deutlich, daß Einsätze im Rahmen multilateraler Krisenoperationen auch künftig das wahrscheinlichere Aufgabenspektrum darstellen. Seestreitkräfte bieten dabei eine Vielzahl von Optionen, die die politische Handlungsfähigkeit Deutschlands im Rahmen der maritimen Bündnisse gewährleistet. So können sie durch Präsenz in Krisenregionen - außerhalb von Hoheitsgewässern, aber sichtbar – ein deutliches politisches Signal setzen. Darüber hinaus fällt ihnen ein weites Spektrum an Krisenmanagementaufgaben zu, das von der Überwachung von Seegebieten und Durchsetzung von Embargomaßnahmen bis hin zur Unterstützung von Kontingenten des Heeres oder der Luftwaffe reicht. Gerade zur Unterstützung anderer Teilstreitkräfte

kann die Marine wertvolle Beiträge leisten, indem ihre Seekriegsmittel Seetransporte sichern, ein sicheres Umfeld im Bereich von Häfen schaffen oder auch Truppenkontingente evakuieren.

● Eine dritte und zunehmend bedeutendere Funktion kommt der deutschen Marine mit dem Auftrag zu, einen Beitrag zur Stabilität und weiteren Integration Europas sowie zur internationalen Sicherheit zu leisten. Im Vordergrund der Aufgaben der Marine steht daher die Kooperation mit neuen Partnermarinen, um durch Zusammenarbeit und persönliche Kontakte Vertrauen zu schaffen.

GEOGRAPHIE

Mit dem erweiterten Auftrag ist die regionale Schwerpunktsetzung der Deutschen Marine auf die Nordregion Europas weggefallen. Künftig muß sie in der Lage sein, überall dort eingesetzt zu werden, wo dies im Sicherheitsinteresse Deutschlands politisch erforderlich werden könnte. Aus sicherheitspolitischer Sicht liegt die geographische Priorität auf Europa und seiner Peripherie. Die deutsche Marine legt ihre Schwerpunkte dabei auf drei Regionen.

● Die Deutsche Marine wird eine Bündnismarine bleiben. Damit bleibt zugleich ihre atlantische Ausrichtung als Bindeglied zu unseren Bündnispartnern in Amerika erhalten.

● Die Nordregion wird auch künftig für Deutschland eine herausgehobene sicherheitspolitische Bedeutung haben. Gerade hier – und insbesondere im Ostseeraum – haben sich mit den sicherheitspolitischen Veränderungen große Chancen aufgetan, eine dauerhafte partnerschaftliche Verbin-

dung mit allen Anrainerstaaten einzugehen. Hier bietet sich wie in kaum einem anderen Seegebiet die Möglichkeit, im Rahmen des Kooperationsprogramms der NATO „Partnership for Peace" zusammenzuarbeiten und damit Zeichen für die Bereitschaft der NATO zu setzen, mit den neuen Partnern über eine engere Kooperation zu Integration bzw. mit Blick auf Rußland zu echter Partnerschaft zu kommen. Mit dem Beitritt Polens in die NATO wird ein fast zehnjähriger Prozeß der Annäherung an das Bündnis erfolgreich abgeschlossen.

● Insbesondere durch den europäischen Integrationsprozeß erhält der Mittelmeerraum für Deutschland eine zunehmende sicherheitspolitische Bedeutung. Dieser wird durch eine wachsende Präsenz deutscher See- und Seeluftstreitkräfte Rechnung getragen.

FÄHIGKEITEN

Die Bedingungen, unter denen maritime Operationen voraussichtlich erfolgen und See- und Seeluftstreitkräfte eingesetzt werden, haben sich erheblich verändert. Gerade bei Einsätzen im Rahmen von Krisenbewältigung und Konfliktverhinderung geht es künftig nicht mehr primär darum, einen kampfstarken Gegner in einem großangelegten Konflikt abzuwehren oder zu neutralisieren. Vielmehr kommt es darauf an, mit militärischen Mitteln das Verfolgen politischer Ziele zu unterstützen und dabei den Verlauf geographisch begrenzter Krisen und Konflikte zu beeinflussen oder – besser noch – diese zu beenden. Das Zentrum von Krisen wird sich zwar grundsätzlich an Land befinden; dennoch wird in den meisten Fällen der Zugang zu den Kri-

Fregatte Brandenburg-Klasse 123 / Brandenburg Class 123 Frigate

senregionen über See erfolgen können und die Möglichkeit gegeben sein, von See aus an Land zu wirken.

Mit diesen veränderten Bedingungen verlagert sich der Schwerpunkt maritimer Operationen von der Hohen See in Randmeere und küstennahe Seegebiete. Der Fähigkeit zur atlantischen Seekriegführung, wie sie zur Zeit des Kalten Krieges bestimmend war, wird künftig ein geringerer Stellenwert zufallen. Angesichts der möglichen Bedrohung eigener Kräfte im Rahmen von Krisenoperationen durch konventionelle U-Boote und kleine, aber kampfstarke Überwassereinheiten gewinnen die Fähigkeit zur Unter- und Überwasserseekriegführung in Randmeeren und küstennahen Seegebieten zunehmend an Bedeutung. Zugleich werden für diese Einsätze höhere Anforderungen an die Einheiten hinsichtlich ihrer Durchsetzungsfähigkeit gegen Flugkörper und landgestützte Flugzeuge zu stellen sein.

Die deutsche Marine ist mit ihren traditionellen Fähigkeiten zur Seekriegführung in Randmeeren und ihrer jahrzehntelangen Erfahrung in der küstennahen Seekriegführung auf diese geänderten operativen Rahmenbedingungen gut vorbereitet. Der Umstand, daß die Einsätze nicht aus der eigenen, bekannten Küste heraus, sondern auf eine unbekannte Küste zu erfolgen, macht dennoch eine Anpassung der vorhandenen Fähigkeiten erforderlich.

Dieses weite Aufgabenspektrum erfordert eine ausgewogene Flotte, die über Fähigkeiten zur Überwasser- und Unterwasserseekriegführung sowie zur Seekriegführung aus der Luft bei gleichzeitiger Durchsetzungsfähigkeit gegen Luftbedrohung verfügt. Um den unter-

schiedlichen Anforderungen hinsichtlich Operationsgebiet, Bedrohung und Aufgabe gerecht werden zu können, muß sie auf der Hohen See und in küstennahen Gewässern gleichermaßen operieren können. Neben dem Erhalt der Operationsfreiheit der schwimmenden Verbände gerade in küstennahen Gewässern, wo angemessene Fähigkeiten zur Minenabwehr gefordert sind, müssen diese Verbände ebenso über eine ausreichende logistische und sanitätsdienstliche Unterstützung für Einsätze in entfernten Seegebieten verfügen.

UMFANG UND STRUKTUR

Die Eigenständigkeit eines deutschen Beitrages bedingt dabei die Fähigkeit zur verbundenen Seekriegführung, d.h. die Fähigkeit, eine zeitlich und örtlich begrenzte Aufgabe selbständig – und damit sichtbar – durchführen zu können. Dies erfordert zunächst unterschiedliche Komponenten, die für bestimmte Aufgaben und/oder Seegebiete optimiert sind. Durch den Verbund dieser Komponenten läßt sich dann erst die ganzheitliche Aufgabenerfüllung und damit ein eigenständiger und sichtbarer deutscher Beitrag sicherstellen.

Mittelfristig wird die Flotte über folgenden Schiffsbestand verfügen:

15 Fregatten
15 Korvetten (als Ersatz für Schnellboote)
10 - 12 U-Boote
22 Minenabwehrfahrzeuge
10 - 12 Seefernaufklärer
1 verstärktes Marinejagdbombergeschwader mit 46 Tornados
38 Hubschrauber
10 größere Unterstützungseinheiten

Dem Inspekteur der Marine mit dem Führungsstab der Marine sind unterstellt:

● 1. Das Marineamt, das 1998 von Wilhelmshaven nach Rostock verlegt wurde. Der Amtschef des Marineamtes ist verantwortlich für die Ausbildung des gesamten Marinepersonals, für die Personalführung der Unteroffiziere und Mannschaften, für die Öffentlichkeitsarbeit und den Marinesanitätsdienst.

● 2. Das Marineunterstützungskommando in Wilhelmshaven. Der Kommandeur des Marineunterstützungskommandos ist zuständig für die Versorgung und logistische Unterstützung, für die Rüstung, für die Instandsetzungslenkung der Flotte und auch für Test- und Erprobungsprojekte, sowie weitere Unterstützungsleistungen für die Marine, wie z.B. Führungssysteme, Transportaufgaben und der Betrieb von Marinestützpunkten und Depots.

● 3. Das Flottenkommando in Glücksburg. Der Befehlshaber der Flotte ist verantwortlich für die operative Führung und Einsatzausbildung der See- und Seeluftstreitkräfte. Ihm unterstehen die Typkommandos der Zerstörerflottille, der Schnellbootflottille, der Flottille der Minenstreitkräfte, der U-Bootflottille, der Flottille der Marineflieger und der Flottille der Marineführungsdienste.

Um die Struktur der Marine zu straffen und dadurch effizienter zu gestalten, wurden erhebliche organisatorische Maßnahmen eingeleitet bzw. sind noch in der Planung. So werden die Marinestützpunkte auf fünf reduziert und gleichzeitig zu weitgehend typreinen Stützpunkten umorganisiert. Bis zu

U-Boot Klasse 206A / Class 206A submarine

Beginn des nächsten Jahrzehnts werden die Einheiten der Flottille der Minenstreitkräfte in Olpenitz, die U-Bootflottille in Eckernförde, die Schnellbootflottille in Warnemünde und die Zerstörerflottille in Wilhelmshaven zusammengefaßt sein. Kiel bleibt als Heimathafen für das Segelschulschiff *GORCH FOCK* sowie als Anlaufhafen erhalten. Als Marinefliegerhorste verbleiben Eggebek, Nordholz und Kiel-Holtenau.

Die Ausbildung wird langfristig in fünf Schulen konzentriert: die Marineoperationsschule in Bremerhaven, die Marinetechnikschule in Parow/Stralsund, die Versorgungsschule in List/Sylt, die Marineunteroffizierschule in Plön und die Marineschule Mürwik (für die Offizierausbildung) in Flensburg. Ziel dieser Straffung und Neuorganisation ist die Umstellung von der fachbezogenen hin zur funktionsbezogenen Ausbildung.

PERSONAL

Planungsgrundlage für Personalumfang und -struktur der Marine ist ein Umfang von 27.000 aktiven Marine-Soldaten. Dieser setzt sich aus 21.000 Berufs- bzw. Zeitsoldaten (verpflichtungszeitraum 2 - 15 Jahre) und 6.000 Wehrpflichtigen zusammen, von denen knapp die Hälfte ihren Dienst freiwillig auf bis zu 23 Monate verlängern kann.

DIE ZUKUNFT

In den nächsten 5-10 Jahren wird die Flotte der Deutschen Marine kontinuierlich modernisiert, wobei die veränderten Rahmenbedingungen die Maßstäbe setzen. Mit der Beschaffung von drei Fregatten der Klasse 124 wird eine entscheidende Verbesserung der Flugabwehrfähigkeit erreicht.

Mit der Beschaffung von zunächst vier U-Booten der Klasse 212 wird die U-Jagd-Fähigkeit um die 3. Dimension „unter Wasser" ergänzt. Gleichzeitig wird im konventionellen U-Boot-Bau durch eine außenluftunabhängige Energieversorgung der Einstieg in eine neue Technologie des Unterwasserantriebs vollzogen. Mit der zeitlich gestaffelten Indienststellung von 2 Einsatzgruppenversorgern (EGV) der Klasse 702 wird der Notwendigkeit zu langanhaltenden und weiträumigen Einsätzen im Rahmen des Einsatzspektrums von Landes- und Bündnisverteidigung sowie Krisenreaktion Rechnung getragen. Hauptaufgabe dieser EGV ist die Unterstützung von Einsatzgruppen zur Erhöhung ihrer Seedauer. Sie sind auch so ausgelegt, daß sie Bordhubschrauber und ein containerisiertes, mobiles Marineeinsatzrettungszentrum (MERZ) für die präklinische medizinische Versorgung an Bord nehmen können.

Mit Minenjagd 2000 (MJ 2000) soll die hochspezialisierte Minenabwehrfähigkeit den geographischen und technologischen Veränderungen angepaßt werden. Dazu gehörte der Zulauf zweier neuer Boote in 1998 und die eingeleitete Umrüstung von 10 Booten zur besseren Ortung und Zerstörung von Minen. Weitere Rüstungsvorhaben wie MPA/Maritime Patrol Aircraft - Nachfolge, MH/Marinehubschrauber 90 und Korvette 130 werden ab dem Jahre 2000 von der Marine zur parlamentarischen Entscheidung vorgelegt werden.

Noch sind die Fregatten Klasse 124 und die U-Boote Klasse 212 nur als Zeichnung bzw. als Model dargestellt. Ab 2003 werden die neuen U-Boote wie auch die Fregatten in die Deutsche Flotte integriert sein.
The new Class 124 frigates and Class 212 submarines are depicted here as a model and drawings... the first vessels will be integrated 2003 into the fleet.

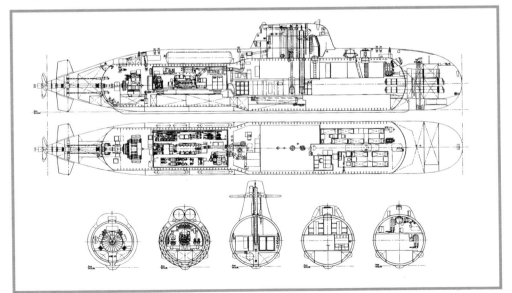

Marinejagdbomber Tornado (rechts) / Tornado navy fighter bomber (right)

FLOTTE

Das Flottenkommando ist eine der drei höheren Kommandobehörden der Marine und führt die fliegenden und schwimmenden Verbände der Marine.

Der Befehlshaber der Flotte, im Dienstgrad eines Vizeadmirals, ist dem Inspekteur der Marine für die Einsatzfähigkeit und operative Führung der ihm unterstellten 27.000 Soldaten und ihrer Schiffe, Boote und Flugzeuge verantwortlich.

Diese sind in Flottillen mit typgleichen Einheiten zusammengefaßt, die wiederum, in überwiegend klassengleichen Geschwadern, organisiert sind.

Aus dem Marinehauptquartier in Glücksburg führt der Befehlshaber der Flotte die ihm unterstellten nationalen Streitkräfte sowie als NATO-Seebefehlshaber, COMGERFLEET, auch Bündniseinheiten in seinem Kommandobereich.

Der nationale Bereich der Flotte umfaßt alle schwimmenden und fliegenden Einsatzverbände der Marine, von den Kampfschwimmern und Minentauchern der Flottille der Minenstreitkräfte über die Fregatten der Zerstörerflottille bis hin zu den Marinejagdbombern und Hubschraubern der Flottille der Marineflieger.

Alle Einheiten der Flotte sind zu Krisenreaktionseinsätzen befähigt. Sie sind in der Lage, auf Konflikte und Krisen verzugslos zu reagieren und, im Rahmen des NATO-Bündnisses oder anderer internationaler Kooperationsformen, erfolgreich zu deren Bewältigung beizutragen.

Die Einheiten der Flotte durchlaufen einen Betriebs- und Erhaltungszyklus, in dessen Verlauf etwa vierzig Prozent als rasch verfügbare Einheiten eingesetzt werden können. Damit kann die Marine aus dem Gesamtbestand der Flotte, der sich vorrangig an den Aufgaben der Landesverteidigung orientiert, fast die Hälfte der Streitkräfte gleichzeitig über längere Zeiträume für Krisenoperationen abstellen.

Die Einheiten der Deutschen Flotte sind durch die multinationalen ständigen Einsatzverbände in die Nordatlantische Allianz wie selbstverständlich eingebunden. Sie operieren in diesen Verbänden nach einheitlichen Vorschriften und Einsatzverfahren, gleichen Führungs- und Fernmeldegrundsätzen und zeichnen sich durch einen hohen Grad an Standardisierung und Interoperabilität aus.

Aus dem Marinehauptquartier, verbunkert, unsichtbar und für den Besucher nicht zugänglich (rechts), führt der Befehlshaber der Flotte. Zwar führt in See der selbständige Einheitsführer, aber alle erforderlichen Information für ein Gesamtlagebild der Deutschen Flotte und der im Kommandobereich geführten NATO Einheiten, laufen im MHQ zusammen. So führt der Befehlshaber der Flotte zwar weltweit die schwimmenden und fliegenden Einheiten der Deutschen Marine, nimmt jedoch im Regelfall keinen Einfluß auf die Einzelentscheidung des Kommandanten oder Einheitsführers vor Ort. Im Rahmen der Dienstaufsicht gehören Mitfahrten an Bord (Bild oben) oder Mitflüge zur Routine.

Off limits: The Maritime Headquarters (right). From here, the CIC has global command over the German fleet. Units can expect the CIC's regular appearance (top).

Schleswig-Holstein, Fregatte der Klasse 123 / Class123 frigate Schleswig-Holstein

Tornado auf dem Marineflugplatz in Eggebek / Tornado ready to go from the naval air wing in Eggebek

Manöverpause auf den Turm eines 206A / Break on a 206A conning tower

Sea King Kontrollflug in 2000 Fuß Höhe / Sea King at 2000 ft

Minensucher im Päckchen in Olpenitz / Minesweepers berthed in Olpenitz

Marinedame in Weiß: Die GORCH FOCK / GORCH FOCK, the German Navy's white lady

ZERSTÖRER-FLOTTILLE

AUFTRAG

Die Zerstörerflottille hat die Aufgabe, dem Flottenkommando der Marine einsatzfähige Kampfschiffe (Zerstörer, Fregatten) und Troßschiffe (Tanker, Versorgungsschiffe) zur Verfügung zu stellen. Bei der Einsatzführung durch die Zerstörer-Flottille geht es darum, in einem immer wiederkehrenden Zyklus von Instandsetzung, Ausbildung und Einsatz, die einzelnen Schiffe auf ihre Aufgaben vorzubereiten und sie für Einsatzaufträge bereitzustellen bzw. bereitzuhalten.

Neben der Kernaufgabe, Herstellen der Einsatzfähigkeit der Schiffe, ist es auch Aufgabe der Flottille, die personellen und materiellen Grundlagen für Schiff und Besatzung zu sichern, ständig zu erhalten und zu ergänzen. Das schließt Aspekte der Modernisierung von Gerät und Material sowie der Sicherstellung zweckmäßig-richtiger Ausbildungsinhalte für die Besatzung ein.

Während der gesamten »Lebenszeit« der Schiffe werden diese von ihrer Flottille betreut. Die Ausbildungs- und Übungszeiten werden vorgegeben, der erforderliche Personalwechsel sorgfältig geplant, die Zeiten, in denen die Schiffe in Bereitschaft liegen, festgelegt und die nationalen, bilateralen oder internationalen Einsätze angeordnet.

Ebenso werden in regelmäßigen Abständen Wartungsarbeiten an Waffen, Geräten, Maschinen und Schiffsrumpf vorgesehen und Werftliegezeiten für Überholungsarbeiten und Reparaturen eingeplant.

Der Flottillenstab arbeitet darüber hinaus an taktisch-operativen Verfahren und Grundlagen. Zusammen mit dem Flottenkommando ist er für die Einsatzgrundsätze aller Einheiten der Zerstörer-Flottille verantwortlich.

Konnte sich die Zerstörer-Flottille in den zurückliegenden Jahrzehnten im wesentlichen auf den Auftrag zur Landes- und Bündnisverteidigung konzentrieren, mit dem Schwerpunkt des Schutzes der Küsten, der vorgelagerten Seegebiete und der für den Handel wichtigen Seeverbindungen, so ist nach der veränderten Struktur und Aufgabenzuweisung der Marine neu hinzugekommen: Der Beitrag zur Krisenbewältigung und Konfliktverhinderung unter der Führung der NATO oder der Westeuropäischen Union, mit einem Mandat der Vereinten Nationen.

Damit muß die Zerstörer-Flottille darauf vorbereitet sein, ein bestimmtes Kontingent einsatzbereiter Einheiten kurzfristig für Aufgaben der Überwachung von Seegebieten, Durchsetzen von Embargomaßnahmen oder zur Unterstützung von Kontingenten anderer Teilstreitkräfte, in jedem zugewiesenen Seegebiet zur Verfügung zustellen.

Die Zerstörer-Flottille wird von dem Kommandeur im Dienstgrad eines Flottillenadmirals und seinem Stab in Wilhelmshaven geführt. Ihr unterstehen das

- **1. Zerstörergeschwader in Kiel:** zwei Zerstörer der LÜTJENS-Klasse 103B
- **2. Fregattengeschwader in Wilhelmshaven:** vier Fregatten der BREMEN-Klasse 122
- **4. Fregattengeschwader:** vier Fregatten der BREMEN-Klasse 122 in Wilhelmshaven
- **6. Fregattengeschwader:** vier Fregatten der BRANDENBURG-Klasse 123 in Wilhelmshaven
- **Troßschiffe:** zwei Versorger der Lüne-

burg Klasse 701, zwei Tanker der Rhön Klasse 704, zwei Transporter der Westerwald Klasse 760, vier Transporter der Walchensee Klasse 703, ein Bergungsschlepper der Helgoland Klasse 720, drei Seeschleppe der Wangeroog Klasse 722

Die Zerstörer-Flottille bildet mit ihren allwetterfähigen Zerstörern und Fregatten mit hoher Seeausdauer den Kern der Hochseekomponente der Flotte; die Schiffe eignen sich jedoch auch für die Randmeerkriegführung. Als Zentrum des integrierten Einsatzverbundes decken sie in den drei Auftragselementen - Landes- und Bündnisverteidigung, Krisenreaktion und Kooperation – ein weites Spektrum operativer Fähigkeiten ab.

Führen, Präsenz, Nachrichtengewinnung, Seeraumüberwachung, Sichern von Seegebieten und Seeverbindungen, Embargomaßnahmen, Unterstützen anderer Teilstreitkräfte und Evakuierungen sind Aufgaben, die von den Einheiten der Zerstörer-Flottille jederzeit, unverzüglich übernommen werden können. D.h., die als Krisenreaktionskräfte vorgesehenen Schiffe sind nach kurzer Vorwarnzeit in der Lage, auszulaufen und sich zu einem einsatzfähigen und schlagkräftigen Verband zu formieren, um operative Aufträge zu übernehmen.

Die Zerstörer der LÜTJENS-Klasse 103B, hervorgegangen aus der amerikanischen Charles F. ADAMS Klasse, gehören nach ihrer zweimaligen Modernisierung noch immer zu den kampfkräftigsten Schiffen der Marine. Die Besat-

MM 38 Raketenabschuß von einer Fregatte der Klasse 122.
Launching a MM 38 guided missile from a Class 122 frigate.

Fregatte der Klasse 123 in schwerer See / Class 123 frigate in rough weather

zung besteht aus 334 Soldaten aller Dienstgrade. Ihre Hauptaufgabe ist die Flugabwehr als Verbandsschutz, wofür die Führungs- und Waffenleitanlagen und die Bewaffnung optimiert wurden. In dieser Aufgabe arbeiten sie über Datenlinkverbindungen sehr eng zusammen mit den Schiffen des Verbandes und den nationalen und internationalen Luftverteidigungsorganisationen, einschließlich der fliegenden Frühwarnsysteme AWACS der NATO und der unterstützenden Abfangjäger und Jagdbomber.

Über diese Aufgaben hinaus können sie aufgrund ihrer Geräte und waffentechnischen Ausrüstung auch zur U-Jagd und Seezielbekämpfung eingesetzt werden.

Die Fregatten der BREMEN-Klasse 122 und der BRANDENBURG-Klasse 123 sind für die Hauptaufgabe U-Jagd ausgerüstet; zu dieser Ausrüstung zählt in erster Linie der Bordhubschrauber SEA LYNX, von dem jedes Schiff zwei aufnehmen kann. Hiermit erhöhte sich die Ortungs- und Bekämpfungsreichweite der Schiffe gegen U-Boote und Überwassereinheiten.

Aufgrund der modernen Bauvoraussetzungen und Geräteausstattung benötigen die Fregatten lediglich ca. 220 Mann Besatzung. Beide Klassen können, außer für die U-Jagdaufgaben, auch zur Bekämpfung von Luftzielen im Eigenschutz und zur Seezielbekämpfung eingesetzt werden.

Alle Einheiten verfügen über leistungsfähige Radaranlagen zur Feuerleitung, See- und Luftraumüberwachung sowie zur Navigation. Sonargeräte, verzugslose elektronische Informationsübertragung (Link 11) und Anlagen zur elektronischen Kampfführung (EloKa-Anla-

gen FL1800), um gegnerische elektronische Ausstrahlungen aufzufassen und zu analysieren. Darüber hinaus verfügen sie über fernmeldetechnische Ausrüstung, mit der sie in der Lage sind, in nationalen oder internationalen Verbänden die Leitungsaufgaben als Führungsschiff zu übernehmen.

Es sind allwetterfähige Mehrzweckkampfschiffe mit hoher Seeausdauer, die für Operationen in der offenen See und für Einsätze in Randmeeren hervorragend geeignet sind.

In der Antriebsanlage unterscheiden sich die deutschen Zerstörer und Fregatten: Während die Zerstörer durch vier Hochdruckheißdampfkessel mit einer Dampfturbinenanlage angetrieben werden, besteht die Antriebsanlage der Fregatten aus einer Kombination von Dieselmotoren für die Marschfahrt und Gasturbinen für die Höchstfahrt.

Die Troßschiffe dienen der Nachversorgung der Einsatzverbände in See und im Hafen mit Kraftstoffen, Ölen, Schmiermitteln, Frischwasser, Munition, Kantinenwaren, Proviant und Verbrauchsgütern und sind entsprechend der Aufgaben der zu versorgenden Einheiten speziell hierfür ausgerüstet.

Die Troßschiffe sind ehemalige Handelsschiffe oder nach Handelsschiffstandard gebaute Einheiten, die im Regelfall als Antriebsanlagen über Dieselmotoren verfügen. Ausrüstung und Geräte sind, soweit es die Aufgaben erfordern, den militärischen Erfordernissen angepaßt.

Abgesehen von den Waffen zur Selbstverteidigung auf den militärisch besetzten Schiffen der Klasse 701, verfügen die Troßschiffe über keine Waffensysteme.

AUSBLICK

Durch die Neustrukturierung der Marine und die Aufgaben im Gesamtkonzept der Bundeswehr hat sich für die Einsatzoptionen der Zerstörer-Flottille eine Schwerpunktverlagerung von der hohen See hin zu den Randmeeren und küstennahen Seegebieten ergeben.

Allerdings werden diese neuen Operationsgebiete mit großer Wahrscheinlichkeit nicht vor der eigenen Küste liegen, sondern in fremden Regionen, in denen mit jeder möglichen Bedrohung gerechnet werden muß. Reaktionsfähigkeit, überlegene Fähigkeiten zur Überwasser- und Unterwasserseekriegführung und Flexibilität in der Führung haben in der Zukunft deshalb eine besondere Bedeutung.

Im Rahmen der Umorganisation der Deutschen Marine werden die Kampfschiffe der Zerstörer-Flottille in den nächsten Jahren auf Wilhelmshaven konzentriert. Das 1. Zerstörergeschwader in Kiel wird mit Außerdienststellung des letzten LÜTJENS-Klasse-Zerstörers Anfang des nächsten Jahrtausend aufgelöst. Die sie ersetzenden Fregatten der Klasse 124 sollen in Wilhelmshaven stationiert werden.

Mit den zulaufenden Einsatzgruppenversorgern (EGV) deren Stationierung in Wilhelmshaven und Kiel vorgesehen ist, werden die Versorger der Klasse 701 ersetzt.

Mit einer Gesamtstärke von ca. 4.200 Soldaten ist die Zerstörer-Flottille neben der Marinefliegerflottille der größte Typverband im Flottenbereich, der mit seinen Einheiten, aus Kampfschiffen und Versorgern, modern und zukunftorientiert ausgerüstet ist.

Auf U-Bootjagd: Die Fregatte der Klasse 123 SCHLESWIG-HOLSTEIN / The Class 123 frigate SCHLESWIG-HOLSTEIN on a submarine hunt.

Die Zerstörer der Klasse 103 gehören zwar zu den ältesten Einheiten der Flotte, sind aber mit ihrer vielseitigen Führungs- und Waffenausrüstung auch heute noch in der Lage ihren Auftrag zu erfüllen (rechts).

Die Kessel sind klar zum Zünden! (links).

Am Fahrpult können beide Kesselanlagen mit einem Blick kontrolliert werden (unten).

Noch stehen alle Manometer auf „0", denn erst über die großen Handräder werden die Turbinen angefahren (oben).

The Class 103 destroyers might be the most venerable units in the fleet, but they are still very capable with their sensors, effectors, and communication equipment to fulfil their missions within the fleet (right).

Ready to ignite the boilers! (left)

Both boilers can be simultaneously monitored from the control panel (below).

When steam is passed to the turbines, all gauges will leave the zero settings (top).

Zwei Fregatten der Klasse 122 bei einer gemeinsamen U-Jagdübung / Two Class 122 frigates on a submarine hunt.

Der wehende Geschwaderstander zeigt, daß der Kommandeur an Bord ist (rechts).

„Seeklar machen", die Hafenflagge wird sorgfältig zusammengelegt (oben links), auf der BREMEN wird vor dem Auslaufen noch „Reinschiff" gemacht (oben rechts). Nach dem Manöverschießen wird das 2 cm Geschütz gereinigt (mitte links), der Kommandant verfolgt das vom Wachhabenden Offizier einge-leitete Manöver (mitte rechts). Noch schnell ein Morsespruch an das Nachbarschiff (unten links), das anfliegende Flugzeug wird auch von dem Ausguck verfolgt und die Peilwerte werden automatisch an den Rechner übermittelt (unten rechts).

The squadron ensign is flown when the squadron commander is on board (right).

„Ready for Sea" (left above), a touch of paint for the BREMEN (right above). Cleaning the 20 mm gun (centre left), the commander observers the manoeuvre (centre right), signal lighting a second vessel (left below), aircraft discovered by the lookout are fed into the ship's tactical computer (right below).

Die Vorschiffbesatzung bereitet das Ablegemanöver vor (links).
The deck crew prepares the bow for leaving the dock (left).

Anlauf zum High-line-Manöver zwischen zwei Fregatten (oben).
Postbeutelübergabe von F122 RHEINLAND PFALZ an F122 BREMEN (unten).
The Class 122 frigates RHEINLAND PFALZ and BREMEN running parrallel for highline manoeuvres (above).

F122 BREMEN läuft aus der Eckernförder Bucht aus (rechts).
Class 122 frigate departing the Bay of Eckernförde (rechts).

„Feuererlaubnis" für den 76 mm Turm (links).
"Open Fire" for the 76 mm turret (left).

Signal für scharfes Schießen wird vorgeheißt (oben)
Setting the code flags for gunnery (above).

„Feuer" aus dem 2 cm Flieger Abwehr Geschütz (unten).
20 mm anti-aircraft cannon fusillade (below).

Ein Torpedo MK 32 mod. 9 wird zur Beladung vorbereitet (rechts).
Loading a Mk 32 mod. 9 torpedeo (right).

Auch mit Flammschutz und Stahlhelm auf Gefechtsstation ist Afmerksamkeit und Konzentration des Rudergängers höchtes Gebot
Maximum concentration is required from the helmeted helmsman in fire protective clothing.

Ob Kommandant (rechts oben) oder Radarbeobachter (oben links) oder die gesamte Brückenbesatzung (rechts unten): Auf Gefechtsstation sind Flammschutz, Schwimmweste und Stahlhelm obligatorisch. / When at battlestations, fire protective clothing, helmets and lifejacktes are the dress of the hour.

Aus der OPZ wird geführt, denn hier laufen alle internen und externen Informationen und Sensorenwerte zusammen, werden ausgewertet und in Weisungen zur Schiffs- und Verbandsführung sowie für den Waffeneinsatz umgesetzt. / The CIC is the brain of a ship, where all sensor and effector information is processed.

Der schiffstechnische Leitstand ist das Herzstück für die Überwachung und Steuerung von Antrieb, Elektrizität, Wasser und interner Schiffssicherheit. Hier bei ABC-Alarm auf Gefechtsstation. / Ship engineeers in ABC suits at battlestations monitor the ship's powerplant control stand.

Leben an Bord: In der Kammer, der Mannschaftsmesse, Offiziersmesse, Kombüse...

Life off watch: Crew and officers' messes, cabin and galley atmosphere...

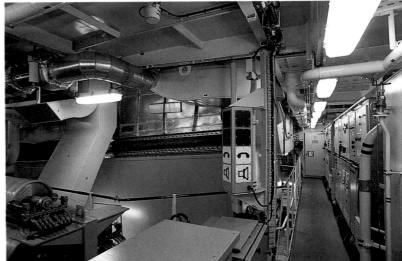

Die kombinierte Diesel und Gasturbinenanlage liegt direkt unter der Doppelschornsteinanlage, um die Infrarotsignaturen zu minimieren (links und oben).

Mit 38.000 kW Antrieb erreichte die F123 über 25 Knoten bei Windstärke 8 und Böen bis 10 Bft. (rechts)

The diesel engine and gas turbine plant, which operates in the CODAG modus (combined diesel and gas), is installed directly below twin smokestacks designed to reduce infra-red signals (left and above).

38.000 kW propel the F123 at over 25 knots in a gale force 8, gusting 10 (right).

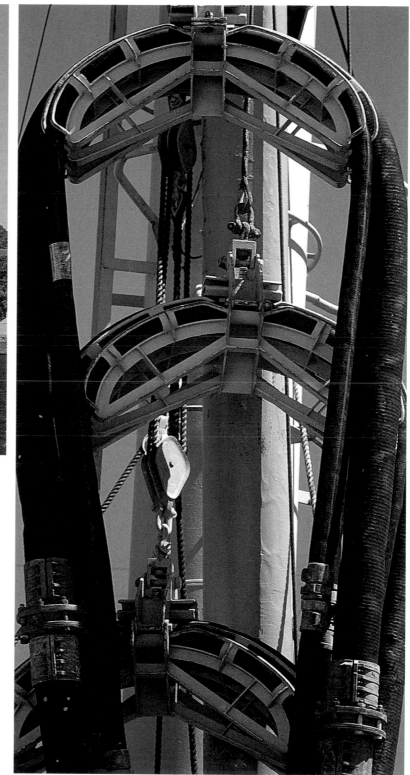

Tender und Betriebsstoffversorger sind unverzichtbare Unterstützungseinheiten der Flotte.

Ob beladen mit Containern zur Unterstützung der Minensuchgeschwader (Tender Mᴏsᴇʟ – links), ob bei Übungen und Operationen in außerheimischen Gewässern oder wie Tanker Sᴘᴇssᴀʀᴛ (rechts) zur Beölung; durch diese Unterstützung können die Kampfschiffe basisunabhängig operieren und ihre Stehzeiten in See erhöhen. Bei Tag und bei Nacht stehen die Versorger bereit um, zu jeder Zeit in Fahrt „angezapft" zu werden.

Tender ships (left) and oiler vessels (right) are the non-substitutional fleet assistants. Wether loaded with containers filled with minesweeper paraphernalia, or escorting overseas missions, these vessels are the mainstay for an enlarged radius of operations.

FLOTTILLE DER MINENSTREITKRÄFTE

AUFTRAG

Minen verändern in der Seekriegführung die Geographie, verhindern die Nutzung von Seegebieten und schränken die Operationsfreiheit des Gegners ein. Sie binden oder behindern gegnerische Seestreitkräfte und sind damit ein wirksames Mittel in der verbundenen Seekriegführung.

Wenn durch die neuen Rahmenbedingungen der Flotte heute die Minenabwehrrolle, gegenüber dem aktiven Verbringen und Legen von Minen zu Minenfeldern, an Bedeutung gewonnen hat, so ist dieses eine Rückkehr zu den ursprünglichen Aufgaben: Minenabwehr zur Reduzierung der Gefährdung und der Einschränkungen der Operationsfreiheit der eigenen Seekriegsmittel durch gegnerische Minen.

Dennoch behält der Mineneinsatz mit der Möglichkeit, gegnerische Kräfte zu binden, in ihrer Operationsfreiheit einzuschränken oder zu vernichten, seine grundsätzliche Bedeutung.

1994 verlegte der Stab die Flottille der Minenstreitkräfte von Wilhelmshaven nach Olpenitz und nahm damit, zusammen mit drei Geschwadern, als erstes Typkommando seine Neuorganisation in einem „Typstützpunkt" ein.

Das Sprengen von Minen bedarf sehr sorgfältiger Vorbereitung und muß regelmäßig geübt werden, um im Minensucheinsatz das Risiko so gering wie möglich zu halten.

The safe tripping of a mine needs regular practise in order to minimise risks.

Das Minensuchboot läuft nach dem Einsatz in den Heimathafen Olpenitz ein.
The minesweeper returns to her homeport Olpenitz.

1. Minensuchgeschwader: zwölf Minenjagdboote FRANKENTHAL Klasse 332, ein Tender ELBE Klasse 404.

3. Minensuchgeschwader: fünf Binnenminensuchboote FRAUENLOB Klasse 394, fünf Mehrzwecklandungsboote BARBE Klasse 520

5. Minensuchgeschwader: zehn Minensuchboote HAMELN Klasse 343, ein Tender ELBE Klasse 404

In Wilhelmshaven verblieb das 6. Minensuchgeschwader und wird dort zum Ende des Jahrhunderts außer Dienst gestellt.

6. Minensuchgeschwader: sechs Hohlstablenkboote LINDAU Klasse 351, vier Minenjagdboote LINDAU Klasse 331

Die Waffentauchergruppe mit je einer Minentaucher-, Kampfschwimmer- und Ausbildungskompanie hat ihren Sitz in Eckernförde. Die Neuorganisation der Flottille der Minenstreitkräfte war erforderlich, um bei der drastischen Reduzierung, die Fähigkeiten zur Minenkriegführung mit modernen Einheiten zu erhalten.

Minensuchboot HAMELN Klasse 343

Dieses Minensuchboot, 600 t, 40 Mann Besatzung, ist ein Zweirollenfahrzeug, welches ursprünglich auf die Primäraufgabe Minenlegen zugeschnitten wurde. Daher ist es für die Aufnahme von 60 Minen auf Schienen ausgelegt und mit modernen Command-Control-Communication-Geräten wie GPS-Navstar, LINK 11 Führungs- und Informations System, adaptivem Kurs- und Bahnrechner sowie zwei Flugabwehrgeschützen 40 mm mit Feuerleitradar ausgestattet. Seine Hauptaufgabe, Minensuchen, stützt sich auf ein konventionelles, nachgeschlepptes Minenräumgerät sowie auf einen geschleppten Hohlstab.

Es ist darüber hinaus gekennzeichnet durch:
- sehr geringe magnetische Signatur,
- geringe akustische Signatur,
- hohe Schockfestigkeit,
- ein hohes Maß an Komfort für die Besatzung.

Minen suchen, heißt auch im Frieden unter Einsatzbedingungen fahren zu müssen, wenn es gilt, mit großer Sorgfalt eine Minensuchoperation durchzuführen.

Ob im Einsatz im persischen Golf oder in den gemeinsamen Räumeinsätzen mit den Ostseeanrainern „Operation Partnership For Peace", die Männer auf den Boote der Deutschen Flottille der Minenstreitkräfte gelten als souveräne Spezialisten auf ihrem Gebiet und genießen mit ihrem hohen Ausbildungsstand und ihren guten Leistungen internationales Ansehen.

Der ferngelenkte PINGUIN gehört heute zu den modernsten Einsatzsystemen einer zukunftsgerichteten Minenjagd.

Even in peacetime, minesweeping entails operating with great care.

Whether deployed in the Persian Gulf or on joint minesweeping missions with countries bordering the Baltic, "Operation Partnership for Peace", the men on the boats of the German mine warfare flotilla are regarded as top specialists in their field. Their high level of training and successful record have given them an international reputation.

The remotely controlled PINGUIN is one of the state-of-the-art systems used in future-oriented minehunting.

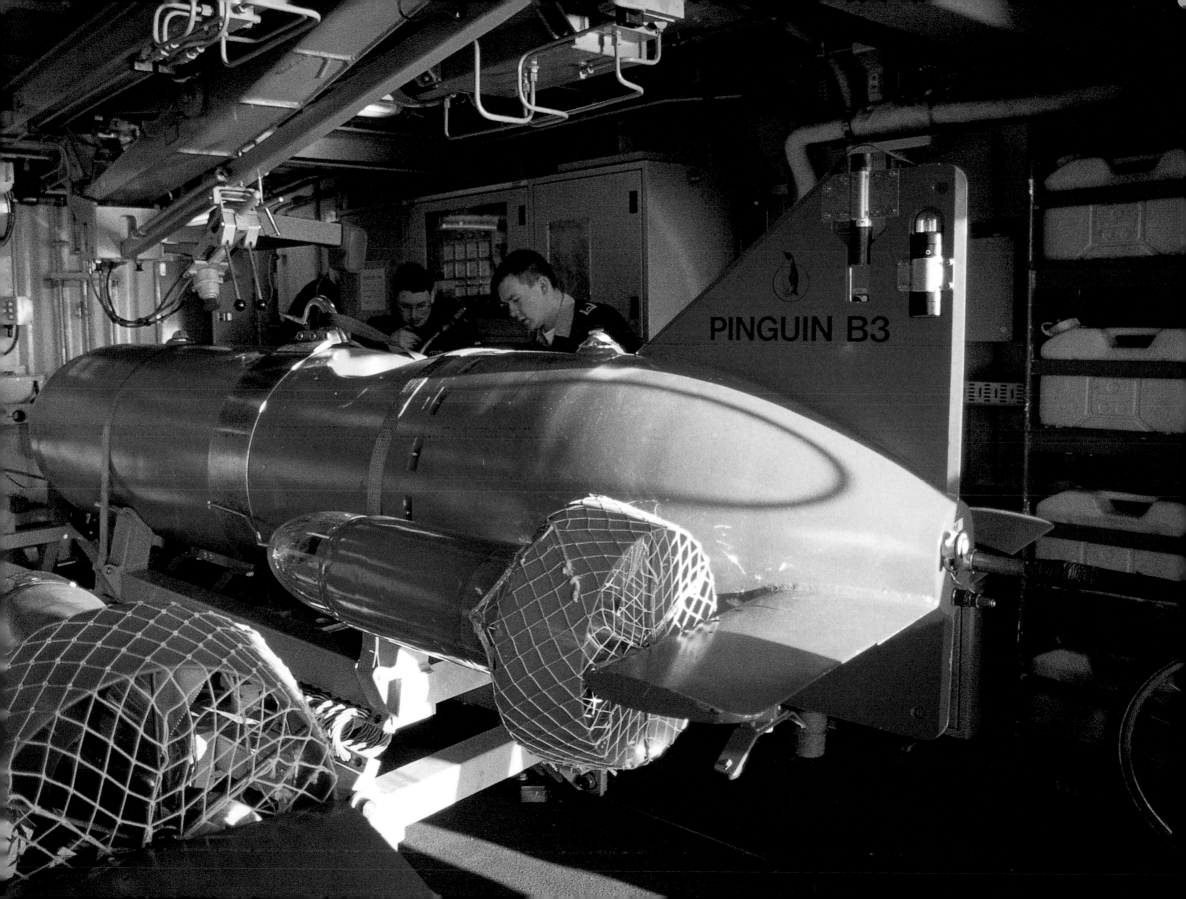

Die Drone wird mit dem Übungssprengsatz ausgerüstet, dann wird der „Pinguin" zu Wasser gebracht. Seine Ortungsergebnisse werden über das fast 300 m lange Lichtwellenleiterkabel auf den Monitor in der OPZ übertragen – das Ziel kann zur Vernichtung jetzt punktgenau angesteuert werden (linke Seite).

Das Signal „Code – Pappa – Bravo" bedeutet „Fahre mit Minenräumgerät, mindestens 1000 m Abstand halten" (rechte Seite).

The Penguin is first armed with the training charge, then launched. Its sonar and visual data is transmitted to the CIC via an optical cable for precise locating and annihilation (left page).

The flag signal "Code – Pappa – Bravo" reads "Operating with mine sweeping equipment. Keep out of range by at least 1000 meters" (right page).

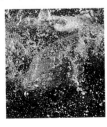

Minenjagdboot
FRANKENTHAL Klasse 332

Für die Flottille der Minenstreit-kräfte stellte die Einführung des Waffen-systems Minenjagdboot Klasse 332 mit ihren zwölf Einheiten eine wesentliche Verbesserung der Minenabwehrfähigkeit dar. Basierend auf dem Konzept der Ein-heitsplattform ist dieses Minenjagdboot äußerlich dem Minensuchboot HAMELN Klasse 343 sehr ähnlich. Als Waffen-system weicht die Klasse 332 allerding erheblich davon ab.

Die Klasse 332 verkörpert ein Minenjagdboot mit allen für die Minen-jagd erforderlichen modernen Systemen. Diese sind im wesentlichen:
- Bugsonar DSQS 11M, mit digitalem Signal-Prozessor und synthetischem Sonarbild,
- Identifizierungs- und Minenvernich-tungsdrohne PINGUIN,
- moderne Navigations- und Schiffs-führungssysteme,
- zur Eigenverteidigung eine 40 mm MEL Bord-Maschinenkanone.

Minenjagdboot LINDAU Klasse 331

Nach dem Umbau der ehemaligen Küstenminensuchboote zum Minenjagd-boot verfügen diese Einheiten über ein leistungsfähiges Minenjagdsonar und zwei ferngelenkte Minenjagddrohnen PAP 104 mit Videokamera bzw. hochauf-lösendem Nahbereichssonar. Zur drei-undvierzigköpfigen Besatzung gehören fünf Minentaucher. Zur Selbstverteidi-gung verfügen die Boote über ein 40 mm-Flugabwehrgeschütz, eine Täusch-körperwurfanlage und zwei Fliegerfaust-stände.

Es gibt kein schlechtes Wetter.... Minensucher sind immer einsatzbereit. / There is no bad weather for a minesweeper.

Für eine Überraschung immer gut: Kampfschwimmer und Waffentaucher. Sie sind Teil der Flottille der Minenstreitkrafte. / Integrated in the Minesweeping Flotilla: The combat divers and weapon divers battalion.

Hohlstablenkboot
LINDAU Klasse 351

Die sechs Minensuchboote der Klasse 351 (42 Mann Besatzung), mit den Fernlenkräumgeräten SEEHUND, sind als TROIKA-System ein geschlossenes Minenabwehrsytem. Das Einsatzverfahren sieht den ferngesteuerten Einsatz von drei unbemannten SEEHUNDEN vor, die mit ihrem hohen Magnet- und Akustikfeld Minen räumen können.

Das Hohlstablenkboot Klasse 351 ist ferner mit einem Scherdrachengerät zum Schneiden von Ankertauminen, mit einem Minenmeidesonar zum Lokalisieren von Ankertauminen und mit einer Lenk- und Überwachungseinrichtung für die drei Fernlenkräumgeräte ausgestattet. Zur Selbstverteidigung sind ein 40 mm-Flugabwehrgeschütz, eine Täuschkörperwurfanlage und zwei Fliegerfauststände an Bord. Die SEEHUNDE sind kompakte Minenräumeinrichtungen. Sie verdrängen bei einer Länge von 25 Metern 95 Tonnen. Der Schottelruderpropeller verleiht dem SEEHUND eine Höchstfahrt von neun Knoten.

Das TROIKA-System stellt eine ideale Ergänzung herkömmlicher Minensuch- und Minenjagdmethoden dar. Die Vorteile sind:
- Wegfall von Bootsüberläufen über scharfe Minen,
- Räumung von Grundminen, die mit Minenjagdsonargeräten nicht zu orten sind,
- Einsatz auch bei extremen Wetterbedingungen.

Minensuchboot
FRAUENLOB Klasse 394

Dieses ursprünglich als Wachboot konzipierte Binnenminensuchboot mit 25 Mann Besatzung, leistet seit mehr als 30 Jahren Dienst in der Flotte. Es verdrängt 246 Tonnen und ist mit einer konventionellen Minenräumausstattung ausgerüstet. Zur Selbstverteidigung verfügt das Boot über ein 40 mm-Flugabwehrgeschütz.

Mehrzwecklandungsboot
BARBE Klasse 520

Seit mehr als 30 Jahren werden diese Boote in der Flotte für alle Transportbereiche, von Mensch und Material, über See eingesetzt und sind für unterstützende Aufgaben aus dem Flottenalltag nicht wegzudenken. Das mit einer Verdrängung von 430 Tonnen elf Knoten schnelle Landungsboot (17 Mann Besatzung) verfügt über zwei Laderampen. Das Boot wird im Rahmen von »waterborne movements« für Personal- und Materialtransporte eingesetzt und eignet sich darüber hinaus für Minenlegeaufgaben.

Die Waffentauchergruppe (WaTaGrp)

1991 wurde diese Truppe aus den Spezialeinheiten Kampfschwimmerkompanie und Minentaucherkompanie zusammengestellt und für Ausbildungs- und Einsatzführung der Flottille der Minenstreitkräfte unterstellt.

Beide Komponenten der WaTaGrp sind, ebenso wie die Ausbildungskompanie, leistungsstarke und hochmobile Einheiten, deren Einsatz nicht an ein bestimmtes Seegebiet gebunden ist.

Die Kampfschwimmerkompanie ist für Sonderunternehmen ausgerüstet, gut trainiert, waffentechnisch hervorragend ausgerüstet und als triphibische Einheit in der Flotte einsetzbar. Auftrag und Aufgabenstellung der Minentaucherkompanie sind unverändert. Mit ihrer professionellen Leistungsfähigkeit sind sie die „Unterwasserfeuerwehr" der Marine. Die Einsatzgruppen sind voll beweglich und können autark und schnell eingesetzt werden, um jede Art von Munition schnell und sicher unschädlich zu machen.

Der Explosive Ordnance Disposal (EOD)-Improvised Explosive Device (IED)-Zug (EOD/IED-Zug) der Ausbildungskompanie ist die einzige Einheit, die schon im Frieden umfassend zur Kampfmittelbeseitigung an Land und unter Wasser personell und materiell ausgestattet ist und in Krisen und Kriegszeiten auch zum Einsatz gegen behelfsmäßige Spreng- und Brandvorrichtung befähigt ist.

AUSBLICK

Die Flottille der Minenstreitkräfte hat von 1989 bis 1998 mit dem Zulauf der Boote der FRANKENTHAL Klasse, der HAMELN Klasse und den Tendern der ELBE Klasse die Geschwader umfassend modernisiert und wird, wo erforderlich, Anlagen und Geräte weiterhin an den aktuellen Stand der Technik anpassen. So werden u.a. die Boote der HAMELN Klasse ab 1999 zu je fünf Minenjagdbooten und fünf Hohlstablenkbooten umgerüstet.

Trotz der Reduzierung der Einheiten durch die geplante Außerdienststellung der Boote der LINDAU Klasse wird die Flottille der Minenstreitkräfte auch in der Zukunft ihren zuverlässigen Beitrag zur Landesverteidigung leisten.

Das Schlauchboot ist nur eine der vielen Möglichkeiten, um Kampfschwimmer an ihren Einsatzort zu bringen. / The RIB is one of many transport means for the combat diver.

Die Kampfschwimmer mit Ihrer Spezialaus-
bildung als Einzelkämpfer, Schwimmtaucher und
Fallschirmspringer sind für den Einsatz von Bord
ebenso ausgebildet wie für den Landkampf. Hier
kann nur derjenige bestehen, der rundum fit und
einsatzfähig ist.

Für Spezialeinsätze können Kampfschwimmer
von U-Booten verbracht und durch die Torpedo-
rohre ausgeschleust werden. Für Einsätze aus
der Luft ist der Sprung aus großer Höhe mit dem
Fallschirm ebenso selbstverständlich wie der
Sprung vom Hubschrauber ins kalte Wasser.

Kampfschwimmer sind Spezialisten in den
Einsatzbereichen, in denen Kraft, Mut, Ausdauer
und die Entscheidung des einzelnen Mannes vor
Ort gefragt sind.

Gleichermaßen spezialisiert sind die Waffentaucher. Keine Waffe, die sie nicht kennen, kein
Zündsystem, welches sie nicht scharf stellen
oder entschärfen könnten, und kein Wasser, zu
dunkel oder zu schmutzig, in welchem sie nicht
ihre gefährliche Arbeit verrichten würden.

Geschicklichkeit, Einsatzwillen und gute
Kondition zusammen mit guter Waffenkenntnis
sind die ersten Voraussetzungen, um in dieser
Spezialtruppe zum Einsatz zu kommen.

Frogmen, specially trained as independent
operators, skin-divers and parachutists, are
deployed from on board ship as well as for land
combat. They have to be in the peak of physical
and mental condition.

For special missions frogmen can be carried by
submarines and ejected through the torpedo
tubes. For them, parachuting from great heights
for missions from the air is a matter of course –
just as jumping down from a helicopter into the
cold water.

Frogmen are specialists in areas where strength,
courage, stamina and the decision of the
individual man on the spot are called for.

Combat divers are just as highly trained
specialists. There is no weapon that they do not
know, no fuse system that they could not activate
or deactivate and no waters that are too dark or
too murky for them to perform their dangerous
work in.

This job calls for manual dexterity, high motiv-
ation and physical fitness, not to mention a good
knowledge of weapons.

SCHNELLBOOTFLOTTILLE

AUFTRAG

Neben der Aufgabe, im Frieden Präsenz auf See zu gewährleisten, sind neue Aufgaben im Rahmen internationaler Krisenoperationen hinzugekommen. Hierzu gehören die schnelle Verlegbarkeit in das entsprechende Einsatzgebiet sowie die Aufklärung, Überwachung und Sicherung des betreffenden Randmeeres. Der Einsatz in diesen Seegebieten ist dauerhaft und sichtbar möglich. Darüber hinaus müssen auch Embargokontrollen durchgeführt werden können. Der Einsatzraum der Boote und Tender liegt heute zwischen der Norwegensee und dem Mittelmeer.

Im Verteidigungsfall schützen die Schnellboote, zusammen mit den anderen Einheiten der Flotte, die eigenen Küsten und bekämpfen gegnerische Seestreitkräfte. Sie operieren im Verbund mit Schiffen, Booten oder Seeluftstreitkräften in den europäischen Randmeeren. Diese geographischen Bindungen an den Bereich Nordeuropa wurden im erweiterten Aufgabenspektrum der Bundeswehr aufgehoben, so daß Einsätze im Rahmen des Bündnisses weit über die

Als drittes Boot in der Formation hat der Wachhabende Offizier bei 32 Knoten Fahrt alle Hände voll zu tun, um nicht den Anschluß zu verlieren. Selbst bei Situationen, die aussehen als seien sie „kollisionsträchtig", darf er nicht die Nerven verlieren und muß schnell seine neue Station einnehmen (oben). Schnellbootfahren ist kein Spaziergang bei schönem Wetter, sondern gerade bei unsichtigem Wetter oder Dunkelheit kommt der Überraschungseffekt dieser Waffensysteme erst richtig zur Geltung (rechts).
„Schnell 'ran an den Gegner und schnell wieder absetzen, um eine neue Angriffsposition anzusteuern" ist die Devise.

Its a demanding job for the officer of the watch to keep the third boat's station at 32 knots . Nerves of steel are required in tight situations – bad visibility and low lighting conditions are the FPB's optimal hunting conditions (top and right).

Auch bei diesigen Wetter darf dem Ausguck auf Gefechtsstation nichts entgehen. / The lookout must always keep his eyes skinned.

bisherigen Grenzen hinaus gehen können. Hierbei ist die internationale, partnerschaftliche Zusammenarbeit, die sich bereits über Jahrzehnte im Frieden bewährt hat, von besonderer Bedeutung.

Mit den rechnergestützten Echtzeit-Datenübertragungssystemen AGIS (Automatisiertes Gefechts- und Informations System) und PALIS (Passiv Aktiv Link-Lagedarstellungs- und Informations System) gehören die Schnellboote zu den kleinsten NATO-Einheiten, die in der Lage sind, Waffeneinsatzdaten mit anderen Seestreitkräften, Flugzeugen oder Landstationen verzugslos auszutauschen.

Große Beweglichkeit, kurze Reaktionszeiten und sicheres Operieren in Randmeeren und engsten Küstengewässern machen die Schnellboote zu einer bedeutenden Komponente in der Seekriegführung. Sie schließen die Lücke zwischen den großen Schiffen, die auf Hochseeoperationen optimiert sind, und dem unmittelbaren Küstenraum der Krisenregion.

Der Schnellbootflottille mit ihrem Typstützpunkt in Warnemünde unterstehen drei Schnellbootklassen in drei Geschwadern mit den entsprechenden schwimmenden Unterstützungseinheiten.

2. Schnellbootgeschwader in Warnemünde: zehn Schnellboote der ALBATROS Klasse 143, ein Tender der ELBE Klasse 404.

5. Schnellbootgeschwader in Olpenitz: zehn Schnellboote der TIGER Klasse 148, ein Tender der ELBE Klasse 404.

7. Schnellbootgeschwader in Warnemünde: zehn Schnellboote der GEPARD Klasse 143A, ein Tender der ELBE Klasse 404.

TIGER Klasse 148

Diese 275-Tonnen-Boote sind seit etwa 25 Jahre in Dienst. Sie verfügen über vier Flugkörper MM38 Exocet. Neben zwei radargesteuerten Geschützen Kaliber 76 mm und 40-mm zum Einsatz gegen Luft- und kleinere Seeziele, verfügen die Boote über eine Minenwurfeinrichtung. Ausgerüstet mit verschiedenen Radar- und Feuerleitanlagen können gegnerische Einheiten frühzeitig aufgeklärt und bekämpft werden. Der automatisierte LINK-11-Datenfunk dient der schnellen Lagebildübermittlung. Zum Eigenschutz stehen elektronische Störmaßnahmen, Radarscheinziele und Infrarot-Täuschkörper zur Verfügung. Die Besatzung besteht aus vier Offizieren und 26 Unteroffizieren und Mannschaften.

ALBATROS Klasse 143

Ab 1976 in Dienst gestellt, verdrängen diese Boote mehr als 400 Tonnen und sind 60 m lang; Besatzung 41 Soldaten. Neben vier Flugkörpern MM38 Exocet verfügen diese Einheiten über zwei drahtgelenkte Schwergewichttorpedos großer Reichweite. Zur Bekämpfung von See- und Luftzielen stehen zwei radargesteuerte 76 mm-Geschütze mit einer Kadenz von 125 Schuß pro Minute zur Verfügung. Die Feuerleitanlagen erlauben die Bekämpfung von fünf Zielen zur gleichen Zeit und sichern den Booten zusammen mit den Radarscheinzielen und Infrarot-Täuschkörpern eine gute Durchsetzungs- und Überlebensfähigkeit. Diese wird erhöht durch eine Ausrüstung zur elektronischen Kampfführung. Die ALBATROS-Boote sind in der Lage, mit anderen Kriegsschiffen, AWACS-Führungsflugzeugen und dem Marinehauptquartier eine LINK-11-Daten-

Mit vier 16-Zylindermotoren laufen die Schnellboote fast 40 Knoten.
Four 16-cylinder engines deliver 40 knot speeds.

Mit viel Ruhe aber gespannter Aufmerksamkeit verfolgt der Kommandant die vom Wachoffizier angesteuerte Station. / The Captain monitoring his FPB stationing.

Konzentrationsarbeit für Posten Maschinentelegraph, Rudergänger und Radarbeobachter. Concentrated faces on the bridge of a FPB at speed.

funkverbindung in Echtzeit herzustellen. Die Boote können in ABC-verseuchter Umwelt eingesetzt werden.

GEPARD Klasse 143A

Diese Einheiten wurden aus der ALBATROS Klasse heraus weiterentwickelt und verfügen zur verbesserten Abwehr von Flugkörpern, statt eines 76 mm-Geschützes über das RAM-Flugkörpersystem. Statt der herkömmlichen Torpedobewaffnung wurden die Boote mit einer Minenlegekapazität ausgerüstet. Mit Sensoren entsprechend der ALBATROS Klasse, verfügen sie über modernere weitreichende Möglichkeiten der elektronischen Kampfführung, wobei die Ausrüstung auch bei diesen Booten die verzugslose elektronische Datenübertragung (LINK-11) mit einschließt. Neben dem

etwas reichlicher bemessenen Platz für die 36 Soldaten der Besatzung verfügen die Boote der GEPARD Klasse über eine umfassende Klima- und Schutzluftanlage, so daß sie im Zitadellenbetrieb gefahren werden können und damit gegen Atomfall-out und Giftgase hermetisch von der Außenluft abgeschieden sind.

ELBE Klasse 404 mit Systemunterstützungsgruppe (SUG)

Die über 3500 Tonnen großen Tender der ELBE Klasse (Besatzung 47 Soldaten) sind in der Lage, Schnellboote in See mit Kraftstoff, Wasser oder Munition zu versorgen und bei Instandsetzungen zu unterstützen. Hinzu kommt die wichtige Aufgabe der Entsorgung.

Für die Geschwadereinsätze werden auf dem Tender die 30–45 Soldaten

der Systemunterstützungsgruppen eingeschifft, die über containerisierte Werkstätten und Ersatzteillager verfügen. Mit Hilfe dieser Spezialisten die besonders für die Bootsklassen ausgebildet sind und über langjährige praktische Erfahrung verfügen, können die Schnellboote verzugslos, auch im Einsatzgebiet instandgesetzt werden. Durch das Containerkonzept sind die SUG-Spezialisten mit Ersatzteilen und Material jederzeit auf Straße, Bahn oder Flugzeug zu verlegen, um schnell an wechselnden Einsatzorten zur Instandsetzung verfügbar zu sein. Mit dieser Unterstützungskapazität sind für die Schnellboote schon heute die Voraussetzungen für einen Einsatz ausserhalb des nordeuropäischen Umfelds gegeben und die hohe Einsatzfähigkeit über längere Zeiträume gewährleistet.

AUSBLICK

Die Schnellbootflottille steht vor großen Veränderungen und Herausforderungen. Nach der Verlegung nach Warnemünde führte sie gleichzeitig auch eine umfassende Neustrukturierung durch, deren Abschluß noch nicht erreicht ist. So folgt der Außerdienststellung der Schnellboote der Klasse 148 der Zulauf der modernen Korvetten der Klasse 130 ab etwa dem Jahre 2005.

Die Schnellbootflottille mit ihren Booten, Tendern und Unterstützungsgruppen wird auch in der neuen Struktur ein kampfstarker Verband bleiben, der zu jeder Zeit in den unterschiedlichsten Zusammensetzungen und im Verbund mit anderen Streitkräften eingesetzt werden kann.

„Seeklar"-Vorbereitung in den frühen Morgenstunden in Warnemünde.
FPBs preparing for sea in Warnemünde before sunrise.

Im Schifftechnischen-Leitstand werden nicht nur die vier Motoren fernüberwacht, sondern gleichzeitig alle Füllungen und Verschlußzustände des Bootes kontrolliert. / The engine control room is the ship's nerve centre.

Nach dem Manöver einzelbootweise in den Heimathafen entlassen / Homeward bound after operations.

U-BOOTE FÜR DIE SICHERHEIT

Umfang und Ausrüstung von Streitkräften werden bestimmt von den Sicherheitspolitischen Rahmenbedingungen und die dadurch vorgegebenen Aufgabenschwerpunkte. Für die Struktur einer Marine sind allgemein die Aufgaben

● Schutz der Seeverbindungen,
● Abwehr von Angriffen auf die eigenen Küsten,
● Durchsetzen nationaler Interessen auf See,

entscheidend. Art und Ausrüstung der Einheiten hängt ab von weltweit zur Verfügung stehenden Waffensystemen und Technologien, die geeignet wären, die Integrität des eigenen Territoriums zu beeinträchtigen.

Ein ausgewogenes Verhältnis verschiedenartiger Einheiten ist für die Struktur einer schlagkräftigen Flotte zwingend erforderlich. Deshalb sind U-Boote unverzichtbar. Sie decken defensive oder offensive Bereiche der Verteidigung ab, die von keinem anderen Seekriegsmittel erbracht werden können.

OFFENSIV

U-Boote werden zur Bekämpfung von Überwassereinheiten und U-Booten eingesetzt und können dafür mit Torpedos und / oder Raketen ausgerüstet sein. Sie können darüber hinaus Minen an Verkehrsknotenpunkten einsetzen oder im Verbund mit anderen Seekriegsmitteln gezielt gegen einzelne oder im Verband fahrende Schiffe operieren. So können sie einem Gegner die ungehinderte Nutzung der See und seiner Seeverbindungslinien verwehren.

Hierbei liegt ihre Stärke in der unentdeckten Annäherung und der verdeckten Kampfführung. Als Einsatzmittel zur U-Jagd ist das U-Boot besonders gut geeignet, weil es sich, ebenso wie das anzugreifende Ziel, in der günstigsten Ortungstiefe positioniert und dadurch, bei geringsten Eigengeräuschen, optimale Auffaßreichweiten erzielen kann.

Insbesondere bei Einsätzen, die aus dem küstennahen Flachwasserbereich heraus vorgetragen werden, sind die für U-Jagdzwecke optimierten U-Boote in einer überlegenen Rolle. Auch im Verbund mit U-Jagd-Hubschraubern, Flugzeugen oder Schiffen verkörpern sie die Komponente in der dritten Dimension. Auf U-Boote kann für die U-Jagd im verbundenen Gefecht, besonders in Flachwassergebieten mit Strömungen, Salz- und Temperaturschichten, nicht verzichtet werden. Obgleich U-Boote in der Regel unentdeckt ihre Operationsgebiete erreichen, können sie in Krisenzeiten allein durch ihre Präsenz eine unkalkulierbare Bedrohung aufbauen.

DEFENSIV

Konventionelle U-Boote sind nicht geeignet zur schnellen Schwerpunktbildung, können Überwassereinheiten nicht verfolgen und sind, außer in der U-Jagdrolle, Einzelkämpfer. Ihr Einsatz basiert vorzugsweise auf passiver Datenermittlung und wird deshalb nur beim Waffeneinsatz oder bewußt provozierendem Verhalten offensichtlich. In der Rolle als Aufklärer können sie sich langzeitig ungesehen in Seegebieten aufhalten, um zu überwachen oder um Daten für den Einsatz anderer

Seekriegsmittel zu gewinnen. Allein durch ihr Vorhandensein oder auch nur durch ihren möglichen Einsatz binden sie gegnerische Kräfte. Sie sind von hoher Kampfkraft, großer Standfestigkeit und Seeausdauer und können deshalb über lange Zeiträume seegebietsunabhängig operieren.

ENTWICKLUNG DER U-BOOTE

Bis zu Alexander dem Großen läßt sich die Idee, „Unterwasserfahrzeuge" zu bauen, zurückverfolgen. Entwicklungsschritte für Tauchfahrzeuge als Kampfmittel waren aber erst 1775 die TURTLE von Bushnell in den amerikanischen Befreiungskriegen, 1801 die NAUTILUS von Robert Fulton USA, der BRANDTAUCHER 1850 von Wilhelm Bauer in Deutschland und 1886 die Entwicklung der MORSE von Ramazotti in Frankreich. Dennoch liegt der Beginn des U-Bootbaues mit einer fortlaufenden kontinuierlichen Entwicklung zum Seekriegsmittel am Anfang des zwanzigsten Jahrhunderts. So erschienen 1901 die FULTON in USA, im gleichen Jahr die NARVAL in Frankreich, die A1 in England und 1903 die FORELLE in Deutschland, die anschließend nach Rußland verkauft wurde.

Weltweit wurden um die Jahrhundertwende erste U-Boote zur Hafenverteidigung und zur Sicherung des Küstenvorfeldes gebaut und in die bestehenden Flotten integriert. Peru, Österreich-Ungarn, Rußland und Deutschland bauten ebenso torpedotragende, tauchfähige Boote wie Großbritannien, Norwegen, Dänemark, Italien und Griechenland. Die Geschichte der

technischen Entwicklung von kampffähigen U-Booten ist also nicht älter als hundert Jahre.

Militärisch wirksam wurde diese Waffe im Ersten Weltkrieg, als von U-Booten erstmalig Torpedos und Minen gegen Handels- und Kriegsschiffe eingesetzt wurden. Diese U-Boote, die richtigerweise heute als „Tauchboote" bezeichnet werden, waren für Überwasserfahrt konstruiert, konnten jedoch Angriffe unter Wasser durchführen und sich durch Tauchen einer Gefahr entziehen. Noch mit Petroleummotoren ausgerüstet, liefen sie in Überwasserfahrt 10 sm/h und waren getaucht, mit dem noch sehr schwachen Batterieantrieb, bei 2-3 sm/h fast stationär.

Die Erfolge der neuen Waffe und die zunehmende Bedeutung der internationalen Seeverbindungen beschleunigten ihre Entwicklung rasant. Bis 1918 wurden in Großbritannien etwa 160 und in Deutschland 375 U-Boote gebaut. Inzwischen mit Dieselmotoren und Gitterbatterien ausgerüstet, erreichten sie über und unter Wasser deutlich höhere Geschwindigkeiten, waren mit Bug- und Hecktorpedorohren sowie mit Decksgeschützen ausgerüstet und gewannen im Seekriegsszenario beachtlich an Bedeutung.

In den ersten Jahren des Zweiten Weltkrieges erreichten die U-Boote durch weltweite Operationen als Einzelfahrer, systematischen Einsatz in Gruppen gegen Konvoirouten, in Sperrgürteln und in der Minenkriegführung eine besondere Bedeutung in der Seekriegsgeschichte.

Die deutsche Industrie hatte die führende Rolle im U-Bootbau übernom-

Umhüllt von dichtem Nebel, von niemand bemerkt, läuft die U28 aus / Under a cloak of dense fog, unnoticed by all, U28 quietly slips out of harbour.

Die untypische Phase des U-Booteinsatzes: U-24 in Überwasserfahrt.
U-24 in a submarine's most vulnerable mode of operation, surface transit.

men und die die Weltmeere beherrschenden Flotten waren zunächst hilflos. Erst durch den Einsatz der U-Jagd-Flugzeuge mit dem neu entwickelten Radar, in Zusammenarbeit mit dem Unter-Wasser-Ortungsgerät ASDIC (Allied Submarine Detection Investigation Committee) der „Hunter Killer Groups", wurde der sinnvolle Einsatz von U-Booten im Seekrieg wieder in Frage gestellt.

HEUTIGE BEDEUTUNG

Nicht revolutionierende Erfindungen haben den U-Booten wieder zu ihrer Bedeutung als Seekriegsmittel verholfen, sondern vielmehr ist es neben dem Nuklearantrieb die kontinuierliche Weiterentwicklung von Formgebung, Fahrbatterien, Elektromotoren, Ortungs- und Feuerleitanlagen sowie Waffen und Geräten, die ihren Wert in modernen Flotten heute bestimmen. Umfassende Kenntnisse und konsequente Nutzung der physikalischen Gegebenheiten im Unterwasserbetrieb und der Einbau modernster Technologien bei perfekter Fertigung bestimmen zusammen mit umfassender Ausbildung heute ihren Wert.

Die Bedeutung der Rolle von U-Booten hat für die Erhöhung der Kampfkraft und die Stärkung der Verteidigungsfähigkeit der Flotten in den letzten vier

Kriegschiffe
1954 — 41 Nationen — **41% Zuwachs**
1996 — 58 Nationen

U-Boote
1954 — 19 Nationen — **131% Zuwachs**
1996 — 44 Nationen

Dekaden des zwanzigsten Jahrhunderts deutlich zugenommen.

So ist weltweit die Anzahl der Marinen, die U-Boote unterhalten, von 19 auf 44 gestiegen. Mit ihrer modernen Ausrüstung und hohen Kampfkraft sind sie zu einem unverzichtbaren Bestandteil zukunftsorientierter Flottenverbände geworden.

Ihre Überlegenheit gegenüber Überwasserstreitkräften, die Möglichkeiten zum ungesehenen, aber koordinierten Einsatz, und die Fähigkeit zu Operationen in gegnerischen oder überwachten Seegebieten geben den U-Booten ein vielseitiges Verwendungsspektrum. So werden U-Boote gleichermaßen zur Verteidigungsvorsorge im eigenen Küstenvorfeld, zur permanenten Sicherung der Seeverbindungen, zur weiträumigen Seegebietsüberwachung, als strategische Raketenbasen oder zur Verstärkung von Überwasserverbänden eingesetzt.

Abhängig von Konfiguration, Antrieb und Ausrüstung mit Geräten und Waffen können U-Boote wirkungsvoll als Raketenträger gegen Land- oder Seeziele, als Torpedoträger gegen Überwassereinheiten und, in der U-Jagdrolle, gegen U-Boote, als Aufklärungseinheiten unbemerkt zur weiträumigen Seegebietsüberwachung, als stiller Beobachter zur Erstellung eines Lagebildes über lange Zeiträume oder im Rahmen der Minenkriegführung als Minenleger eingesetzt werden. Tatsächlich ist der Traum vom unbegrenzten Unterwassereinsatz nur für wenige Nationen (USA, Rußland, Großbritannien, Frankreich und China) in Erfüllung gegangen, und zwar durch U-Boote mit Nuklearantrieb, als strategische Waffensysteme oder für weltweite operative Einsätze im permanenten Unterwasserbetrieb und mit Dauergeschwindigkeiten von mehr als 35 sm/h.

Für Nicht-Nuklear-U-Boote gilt die Brennstoffzelle in Verbindung mit einer Fahrbatterie nach den erfolgreichen Entwicklungen, umfangreichen Erprobungen und praktischen Erfahrungen im Bordbetrieb heute als wirkungsvollste, technisch ausgereifte und operativ ausgewogene

Betriebskostenvergleich Fregatte/U-Boot			
	Frigate	500t Sub	1500t Sub
Instandsetzung	14.4	2.1	3.1
POL	1.3	0.03	0.05
Munition	0.4	0.1	0.15
Infrastruktur	0.5	0.06	0.09
Sonstige Kosten	0.1	0.01	0.02
	16.7	2.3	3.41
Personal	7.8	1	1.5
Gesamt	24.5	3.3	4.91

Alternative. Hiermit können konventionelle U-Boote, bei geringsten Signaturen, jetzt auch langzeitig im Unterwasserdauerbetrieb eingesetzt werden.

Die operativen Einschränkungen des Schnorchelbetriebes entfallen, verdeckte Einsätze bis zu 60% der Missionszeit sind möglich geworden, die hohe Spitzengeschwindigkeit im Batteriebetrieb bleibt erhalten und die Wärme- und Geräuschabstrahlung ist auf ein Minimum reduziert. Konventionelle U-Boote haben damit deutlich an Operationsfreiheit in Tiefe, Raum und Zeit gewonnen und ihre große Überlegenheit gegenüber Überwasserstreitkräften wiedererlangt.

EINSATZBEREICHE

Durch den Wegfall der Ost-/Westblöcke und die damit gewachsene Operationsfreiheit ist mit Einsätzen von U-Booten heute weltweit unter allen Klima- und Wasserverhältnissen zu rechnen. U-Boote sind mehr denn je als besonders ökonomische Waffensysteme mit extrem günstigem „life cycle cost – Verhältnis" (1/3 bis 1/5 einer Fregatte) zum wirkungsvollen Waffensystem der „medium-sized navies" geworden.

Die Werte für eine Fregatte der Klasse 122 und ein U 206 wurden der Kostenveröffentlichung der deutschen Marine entnommen.

Die rasante Entwicklung in den letzten 30 Jahren (bis zum ständig unter Wasser operierenden konventionellen U-Boot mit AIP) hat die Möglichkeit eröffnet, U-Boote für jedes spezifische Seegebiet hinsichtlich Größe, Beweglichkeit, Standfestigkeit, Antrieb, Bewaffnung und Ausrüstung zu optimieren. Sie sind heute unter allen Wetter- und Seeverhältnissen in flachen und engen Gewässern und im Tiefwasser ohne Einschränkungen einsetzbar. U-Boote sind besonders effektive Waffensysteme der Verteidigung und zuverlässige Partner in jedem Flottenverband.

U-BOOT-FLOTTILLE

AUFTRAG

Die veränderten politischen Rahmenbedingungen haben sich auch auf den Auftrag und das Operationsgebiet der U-Boot-Flottille ausgewirkt. Die gegenwärtig 14 U-Boote haben eine hohe Einsatzbereitschaft und unterstreichen durch ihre Präsenz im gesamten NATO-Operationsgebiet die Fähigkeit und Entschlossenheit zur Verteidigung.

An diesem Auftrag orientiert sich die Jahresübungsplanung der U-Boot-Flottille mit ihren Einsätzen. U-Boote werden dabei über ihr früheres Einsatzgebiet in Nord- und Ostsee hinaus auch in den Gewässern des Atlantiks sowie seit 1993 mit zunehmender Intensität im Mittelmeer eingesetzt.

In der Krise besteht der Auftrag der U-Boot-Flottille in der beschleunigten Herstellung der vollen Einsatzfähigkeit und der Wahrnehmung von Aufgaben im Rahmen des Krisenmanagements im Einsatzgebiet. In Fällen, in denen eine offenkundige militärische Präsenz nicht erwünscht ist oder in denen ein Einsatz von Überwasserstreitkräften oder Seeraumüberwachungsflugzeugen nicht möglich ist, sind U-Boote besonders geeignet, Beiträge zur Aufklärung, Lagefeststellung und Verifikation zu leisten.

Im Konfliktfall gilt der Auftrag dem Schutz von Seeverbindungen und eigenen Küsten bzw. Küsten der Verbündeten durch Seegebietssicherung. Dabei wird in Abriegelungsoperationen gegnerischen Überwasserstreitkräften das Eindringen in bestimmte Seegebiete sowie das Vordringen zu eigenen Seetransporten und Küsten verwehrt. Darüber hinaus sind die U-Boote, in der Krise wie im Konfliktfall, jederzeit als Aufklärungsmittel oder für Spezialoperationen einsetzbar.

GLIEDERUNG

Der U-Boot-Flottillenstab, seit Februar 1998 im Typstützpunkt Eckernförde, mit dem integrierten **1. und 3. U-Boot-Geschwader:**
- zwölf U-Boote Klasse 206A
- zwei U-Boote Klasse 205 (U11 zum Zweihüllenboot zur Unterwasserzieldarstellung umgebaut, U12 als Erprobungsträger für moderne Sonargeräte)
- Unterstützungseinheit MEERSBURG
- das Ausbildungszentrum U-Boote (AZU) mit dem taktischen Trainer 206A und der Schiffstechnischen Landanlage.

Die Ausbildung aller U-Boot-Fahrer wird unter der Verantwortung der U-Boot-Flottille durchgeführt, die sich hierzu des Ausbildungszentrums U-Boote bedient. Es ist die einzige Ausbildungseinrichtung der Marine, die dem Flottenkommando untersteht. Hier werden in der Schiffstechnischen Landanlage die U-Boot-Fahrer umfassend für ihre Tätigkeit auf U-Booten ausgebildet, so daß eine Nachschulung an Bord der kleinen, engen Boote nicht mehr erforderlich ist. Die Ausbildung an dem Taktiktrainer kann zwar die Ausbildung in See nicht ersetzen, bietet jedoch den Führungsteams der U-Boote eine praxisnahe und abgerundete Ausbildung, um die Bordausbildung deutlich zu verkürzen.

U-BOOTE Klasse 206A

Die zwölf U-Boote der Klasse 206A wurden als Klasse 206 zwischen 1973 und 1975 in Dienst gestellt. Sie sind 48,6 Meter lang, haben eine Verdrängung von 450 Tonnen und sind getaucht bis zu 18 Knoten schnell. 25 Mann Besatzung fahren das Boot im Zweier-Wach-System, d.h. vier Stunden Wache und vier Stunden wachfrei.

Mit der Umrüstung zur Klasse 206A in der zweiten Hälfte der achtziger Jahre haben die Boote eine nahezu komplett neue Sensorenausstattung sowie, dem Stand der Technik entsprechend, leistungsfähige Anlagen zur Lagebilderstellung und –darstellung und zur Feuerleitung erhalten. Mit Integration der Sonar-, Lageerarbeitungs- und Waffeneinsatzanlage SLW 83 ist eine deutliche Leistungssteigerung eingetreten. Die verbesserte Sensorenanlage ermöglicht größere Ortungsreichweiten gegen Über- und Unterwasserziele, und die Prozesse der Zieldatenermittlung und des Lagebildaufbaus können verzugslos und mit großer Genauigkeit durchgeführt werden. Die Bewaffnung besteht aus acht Bugtorpedorohren, aus denen der drahtgelenkte Torpedo DM 2 A3 verschossen wird.

Kennzeichnend für das Waffensystem 206A ist die Fähigkeit zur Mehrfachzielbekämpfung. Es können gleichzeitig drei Torpedos gegen unterschiedli-

Jetzt beim Überwasserheimmarsch können auch die letzten Batteriereserven genutzt werden... voraus mit 240 UpM.

Drawing heavily from her remaining battery power, U28 romps home at 240 revs.

che Ziel eingesetzt werden, wobei mit dem DM 2 A3 erstmals ein echter „dual purpose Torpedo" eingeführt wurde, der infolge einer komplett neuen Sensorik und Datenverarbeitung sowohl gegen Über- als auch gegen Unterwasserziele eingesetzt werden kann.

In einem letzten Schritt soll dieser Torpedo schließlich zum DM 2 A4 umgerüstet werden, dessen völlig neues Antriebssystem höhere Geschwindigkeit bei längerer Ausdauer erlauben wird.

Des weiteren können zusätzlich 24 Grundminen in einem dafür vorgesehenen Minengürtel ohne Beeinflussung der Fahreigenschaften wie Manövrierverhalten und Geschwindigkeit mitgeführt werden. Die Boote sind zum Schutz gegen Minen aus amagnetischem Stahl gebaut. Aufgrund ihrer geringen Größe und der guten Tiefensteuereigenschaften eignen sie sich besonders für den Flachwassereinsatz und können getaucht noch bei Wassertiefen von 20 Meter operieren.

Die Summe der getroffenen Umbaumaßnahmen hat die Erfolgswahrscheinlichkeit und Durchsetzungsfähigkeit der U-Boote deutlich erhöht und sichert ihnen die Einsatzfähigkeit bis zur Ablösung durch die neu zulaufenden U-Boote der Klasse 212 über das Ende des Jahrtausends hinaus.

Klasse 212

Mit der Einführung der U-Boote Klasse 212, mit denen die Deutsche Marine den Weg in die zur Zeit modernste, zukunftsorientierte U-Boot-Technologie beschreitet, wird die Fähigkeit zur gezielten U-Jagd bei den U-Booten einen deutlichen Qualitätssprung erfahren. Diese begründet sich insbesondere in dem weitgehend außenluftunabhängigen und

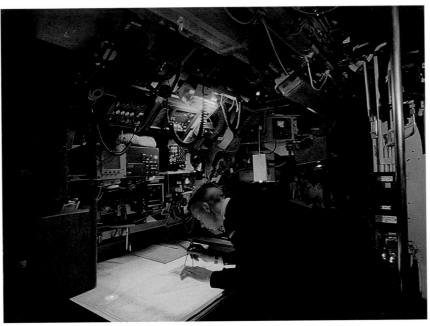

Der Unterwassereinsatz ist für U-Boote von heute die Norm, so daß Kunstlicht den Tag- und Nachtrhytmus bestimmt. Ob in der OPZ, an den Ortungs- und Feuerleitanlagen oder in der „Navecke", die Beleuchtung ist immer der Außenhelligkeit angepaßt, um die Umstellung für den Seerohrrundblick so kurz wie möglich zu halten (oben). / Artificial light on board a Class 206A submarine is adapted to the brightness and rhythm of the vessel's surrounding daylight (top).

Im fernüberwachten, engen Motorenraum werden die Anlagen nur sporadisch kontrolliert, denn weder die Enge des Raumes, noch die Raumtemperaturen, bei Schnorchelfahrt bis zu 70°C, lassen einen längeren Aufenthalt zu (unten, rechts). / As the Class 206 engines are remote controlled units, the engineer seldom goes into the hot and cramped engineroom for an "eyeball-check" (below, right)...

Für den E-Maat ist es leichter. Zwar hat er nur unwesentlich mehr Raum zur Verfügung, aber die Temperaturen sind, zumindest im Winter, erträglich (unten, links). ... the electrician hasn't much more space than his colleague the engineer, but more comfortable temperatures (below, left).

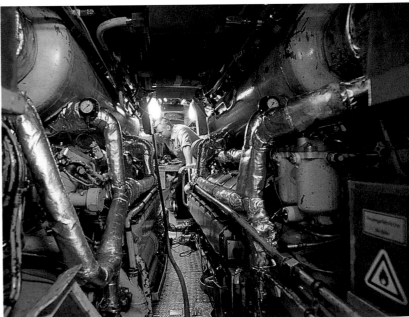

In der STZ werden Seitenruder sowie vorderes und hinteres Tiefenruder gefahren. Gleichzeitig müssen Trimm und Gewicht des Bootes durch Fluten, Lenzen und Trimmen am „Tannenbaum" ständig nachgeregelt werden. / The 206A is controlled via bow and stern planes, a vertical rudder and movable water ballast.

*Eine der „special missions" der U-Boote kann das Verbringen von Spezialeinheiten sein. Jeweils eine Equipe,
zwei Kampfschwimmer, können durch ein Torpedorohr das U-Boot verlassen oder von diesem wieder aufgenommen werden.*
Preparing a combat diver team for a special mission, and exiting them from a submarine's torpedo tubes.

praktisch geräuschlosen und wärmeneutralen Antrieb (Brennstoffzelle) und seiner Ausrüstung mit tieffrequenten Akustiksensoren. Mit der Auswahl des Brennstoffzellenantriebs für die U-Boote der kommenden Generation hat die Deutsche Marine einen entscheidenden Schritt in die Zukunft getan:

- lautlose Energieumwandlung
- geringe Wärmeerzeugung
- hoher Wirkungsgrad
- keine Reaktionsstoffe nach außenbords
- Tauchtiefen-unabhängiger Antrieb
- modularer Aufbau
- einfache Regelung
- hohe Lebensdauer.

Die Brennstoffzellenanlage erfüllt die hohen Forderungen nach Schwerortbarkeit und erhöht die Unterwasserausdauer gegenüber dieselelektrischen U-Booten um mehr als 60 Prozent. Der Hybrid-Antrieb der Klasse 212 besteht aus einer Brennstoffzellen- Anlage (BZA) und einer konventionellen Fahrbatterie mit Dieselgeneratoren, so daß langzeitige Unterwasserfahrt mit der Brennstoffzelle ebenso gewährleistet ist, wie kurzzeitige Spitzengeschwindigkeit mit den Hochleistungsbatterien.

Ein hochmodernes Führungs- und Waffeneinsatzsystem, zusammen mit verbesserter Ortungsfähigkeit bis in tiefe Frequenzen, machen diese Boote, zusammen mit der Schwerortbarkeit, durch die Reduzierung der Verratssignaturen (Optik, Radar, Wärme, Magnetik, Akustik), zu den modernsten, konventionellen Unterwassersystemen, die für eine frühzeitige Aufklärung und effektive Bekämpfung von Über- und Unterwasserzielen geeignet sind.

AUSBLICK

Konventionelle U-Boote werden in der deutschen Marine ihren festen Platz sowohl bei den Einsätzen im Rahmen der Landes- und Bündnisverteidigung als auch im Bereich von Krisenoperationen behalten. Schließlich können U-Boote aufgrund ihrer typspezifischen Besonderheiten auch in einem Seegebiet überlegener gegnerischer Kräfte über längere Zeit eine schwer kalkulierbare Präsenz oder Bedrohung aufrechterhalten. U-Boote eignen sich auch zur (verdeckten) Aufklärung, zur Überwachung und zu Spezialoperationen. Eine gezielte U-Jagd ist mit den derzeitigen U-Booten Klasse 206A zwar eingeschränkt möglich, aber die Boote der Klasse 212 werden diese Aufgabe gut erfüllen können. Die U-Boot-Flottille, seit 1998 im Typstützpunkt Eckernförde, wird mit den U-Booten der Klasse 206A und den neu zulaufenden Booten der Klasse 212, auch künftig ihren wichtigen Beitrag zur Auftragserfüllung der Flotte leisten können.

Die Brennstoffzellen-Testanlage bietet die Gewähr für reibungslose Funktion an Bord (oben).
The Fuel Cell test station guaranties the unit's problem-free operation on board (above).

Vorderer Endboden der Klasse 212 mit sieben Meter Durchmesser (rechts).
The Class 212 forward bulkhead has a seven meter diameter (right).

Im Bohrwerk müssen mit größter Präzision die Druckkörperdurchführungen gebohrt werden.
The gigantic precision drill for hull outlets.

Deutlich zu sehen: Rumpf # 1 kommt zusammen.
In the background: the first Class 212 hull.

Bei HDW werden die ersten Teile des U-Bootes Klasse 212 zusammengesetzt.
HDW's Class 212 assembly line.

Der erste vordere U 212 Endboden.
The first U 212 pressure hull bulkhead.

FLOTTILLE DER MARINEFLIEGER

AUFTRAG

Der Auftrag der Marineflieger leitet sich aus dem Auftrag der Flotte ab und läßt sich, allgemein formuliert, mit der „Führung des Seekrieges aus der Luft" zusammenfassen. Die Seeluftstreitkräfte sind integraler Bestandteil der Flotte und werden für die Auftragserfüllung, gemeinsam mit den Über- und Unterwasserseestreitkräften, zu Einsatzverbänden zusammengestellt. Die Ausbildung der Besatzungen sowie die Ausrüstung und Bewaffnung der Flugzeuge müssen den speziellen Verhältnissen des Einsatzes über See in besonderem Maße Rechnung tragen.

Aus dem allgemein formulierten Auftrag lassen sich folgende Hauptaufgaben herleiten:
- Aufklärung (Foto/Sicht) und Seeraumüberwachung in den Einsatzgebieten der Marine
- Fernmelde-Elektronische Aufklärung
- Bekämpfung feindlicher Überwasserstreitkräfte
- Bekämpfung feindlicher U-Boote
- Durchführung des SAR Dienstes.

Die Flottille der Marineflieger ist dem Befehlshaber der Flotte unterstellt. Der Kommandeur der Flottille der Marineflieger ist für die Herstellung und Erhaltung der Einsatzbereitschaft der ihm unterstellten Geschwader verantwortlich. Ihm unterstehen drei Marinefliegergeschwader mit einer Gesamtstärke von rund 4.100 Soldaten und 1.100 zivilen Mitarbeitern. Zum Verband der Flottille der Marineflieger gehören 111 Flugzeuge und Hubschrauber.

Mit der Umstrukturierung der Marineflieger wurden die Geschwader in eine Zweigruppenstruktur überführt. Die Einsatzgruppe, die Fliegende Gruppe und die Unterstützungsgruppe, die Technische Gruppe.

Von der ehemaligen Horstgruppe ist das Flugabwehrsystem ROLAND in den beiden Marinefliegergeschwader 2 und Marinefliegergeschwader 3 „Graf Zeppelin" verblieben.

Der Flottille der Marineflieger sind drei Geschwader unterstellt:
- **Marinefliegergeschwader 2 in Eggebek:** mit 51 TORNADO in der Aufklärungs- Jagdbomberrolle (zwei Einsatzstaffeln, eine Ausbildungsstaffel).
- **Marinefliegergeschwader 3 „Graf Zeppelin" in Nordholz:** mit 18 BREGUET ATLANTIC (14 U-Jagd-Seefernaufklärer, vier SIGINT), 17 SEA LYNX Bordhubschrauber (sieben im Zulauf), zwei DO 228 LM (Überwachung Öl- und Meeresverschmutzung), zwei DO 228 LT (Lufttransport).
- **Marinefliegergeschwader 5 in Kiel Holtenau:** mit 21 SEA KING Hubschrauber für den Hauptauftrag Search and Rescue (SAR) sowie u.a. für den taktischen Lufttransport, zukünftig von Bord der Einsatzgruppenversorger.

Startbereit: Die MfG 2, 3 und 5.
Ready to go: The three
German naval flight wings.

TORNADO

Das Waffensystem TORNADO ist durch seine marinespezifische Ausrüstung und Bewaffnung zu einem vielseitig einsetzbaren Seekriegsmittel geworden. Herausragende Merkmale der 51 Marine TORNADOS sind:
- schnelles Wirken in der Tiefe des Operationsgebietes
- autonome und verbundene Überwasser-Seekriegführung
- hohe Durchsetzungsfähigkeit
- weitgehende Allwetterfähigkeit
- auftragsbezogener, flexibler Kräfte- und Waffenansatz.

Der TORNADO kann mit den abbildenden Sensoren einen substantiellen Beitrag zur maritimen Lagebilddarstellung und zur allgemeinen küstennahen Aufklärung leisten. Als Jagdbomber kann er in direkter Unterstützung von Überwasserstreitkräften gegnerische Überwassereinheiten mit Abstandswaffen oder Bomben bekämpfen, Minen legen oder gegnerische Überwachungs- und Feuerleitradare mit dem Flugkörper HARM unterdrücken und bekämpfen.

In der Rolle als Fotoaufklärer wird er mit drei verschiedenen Kamerasystemen eingesetzt: Der Tiefflugpanoramakamera, der schwenkbaren Abstandskamera mit langer Brennweite und dem „Infrarot-Linescanner". Eine mobile Luftauswertungskomponente gewährleistet eine schnelle und hochwertige Bildauswertung.

Der TORNADO verfügt über Bomben (MK83, MK82), Bordkanonen, Lenkflugkörper KORMORAN und Flugkörper HARM. Durch den Abwurf von Mehrzweckbomben mit Minenzündern kann er auch zu Minenoperationen eingesetzt werden. Die Bewaffnung wird ergänzt durch aktive und passive Systeme zur elektronischen Kampfführung. Die Rollen „Begleitschutz" und „Luftbetankung" sind unterstützende Rollen. In der Begleitschutzrolle ist der TORNADO mit dem Nahbereichsflugkörper AIM 9L zur Bekämpfung feindlicher Flugzeuge ausgerüstet.

Die Bodencrew hilft dem TORNADO Piloten und seinem Waffenoffizier mit den letzten Vorbereitungen vor dem Take-Off (oben und unten).

Mit dem gewaltigen Schub von mehr als 120.000 KN schleudern die zwei Nachbrenner den 28 Tonnen schweren Tornado binnen fünf Sekunden in die Luft (außen rechts).

Ground crewmen assist the TORNADO pilot and his weapons officer with final preparations for take-off (top, below).

Seen through the firestorm of hot gases generated by the twin afterburners, which produce the equivalent thrust 63.000 KN each, the 28 ton TORNADO is catapulted into the air within a mere five seconds (far right).

Take-off Geschwindigkeit nach 1000 Metern: 180 Knoten (linke Seite). Unmittelbar nach dem Abheben muß das Fahrgestell eingefahren werden (links).

Take-off speed after 1000 meters: 180 knots (left page), after a few split seconds of becoming airborne, the undercarriage is tucked away (adjacent).

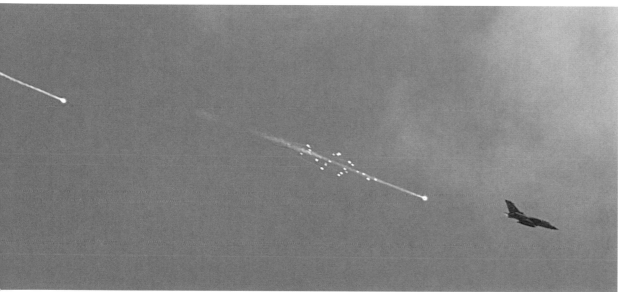

Flares zur Raketenabwehr (oben).

Angelegte Flügel für Geschwindigkeiten bis Mach 2 (links).

Eine eindrucksvolle Seekriegswaffe im Überschall-Vorbeiflug: Ein TORNADO über der Fregatte RHEINLAND-PFALZ (Bild rechts).

Wings swept back for max speeds in the Mach 2 vicinity (adjacent).

Counteractive flares against homing missiles (above).

Supersonic passover the frigate RHEINLAND-PFALZ – the TORNADO is an awesome weapon for sea warfare (right).

Tornado Faszination beginnt schon am Boden. In Wartungshallen (links) und Sheltern (oben) verbringt das Fluggerät ein Großteil seiner Lebenszeit. Hier werden die Tornados von hochqualifizertem Fachpersonal auf höchstem Standard technischer Zuverläßigkeit gewartet.

Hinweis- und Warn-Beschriftungen auf einem Tornado (rechts).

Tornado fascination continues on the ground, in workshops (left) and shelters (above), where the aircraft spend a considerable part of their operational lives. Here, very skilled maintenance crews ensure extremely high standards of technical reliability.

Armament and intake warning signs on a Tornado fuselage (right).

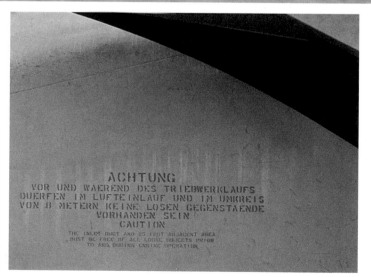

Jede Besatzung ist für ihr Fluggerät verantwortlich und nimmt vor Take-Off einen visuellen Check vor. Hier fliegt eine BREGUET ATLANTIC zum Kontrollflug zweier russischer Kilo-Klasse U-Boote, die deutsches Hoheitsgebiet passieren.

As every pilot and his crew is responsible for his aircraft, a visual check is mandatory before mission take off, in this case, the monitoring of two foreign SSK Kilo submarines in transit through German waters.

BREGUET ATLANTIC

Die 14 Seefernaufklärer / U-Jagd-Flugzeuge (Maritime Patrol Aircraft, MPA) und die vier Meßflugzeuge (Signal Intelligence, SIGINT) des Marineflieger Geschwader 3 „Graf Zeppelin" stellen eine wesentliche Komponente in der Seekriegführung dar. Sie sind Seefernaufklärer durch Seeraumüberwachung und Beschatten gegnerischer Seestreitkräfte. Sie werden eingesetzt zur Zieldatenübermittlung und als U-Jagd-Flugzeug zur autonomen oder unterstützenden U-Jagd. Die Meßflugzeuge werden eingesetzt zur Erfassung elektromagnetischer Signale und zur Erstellung einer „Electronic Order of Battle".

Die BREGUET ATLANTIC zeichnet sich durch sehr langes Stehvermögen im Einsatzgebiet aus. Mit einem weitgefächerten Spektrum elektromagnetischer, hydroakustischer und optischer Sensoren befähigt sie die Besatzung, auch in entfernten Seegebieten über einen längeren Zeitraum, Über- und Unterwasserziele zu orten, zu identifizieren und zu beschatten. Bei Bedarf kann das Flugzeug mit einem Fotobehälter ausgerüstet werden.

In der U-Jagd-Rolle gilt es, gegnerische U-Boote aufzuspüren, zu verfolgen und zu bekämpfen. Hierbei kann die BREGUET ATLANTIC sowohl unabhängig in der offenen Gebietssuche, als auch defensiv zum Schutz eigener Verbände operieren. Für die U-Jagd stehen unterschiedliche Sensoren und Effektoren zur Verfügung. Aktive und passive Sonarbojen, die vom Flugzeug abgeworfen werden und die empfangenen Unterwassersignale zur Auswertung an das Flugzeug senden, das Radargerät, zur Ortung von Fahrzeugen an der Wasseroberfläche, das MAD (Magnatic Anomaly Detector), zum Registrieren von Magnetfeldstörungen, die durch U-Boote hervorgerufen werden

können, und ein ESM Gerät (Electronic Support Measures), zur Bestimmung von elektronischen Ausstrahlungen. Zur Bekämpfung von U-Booten können Torpedos und Wasserbomben eingesetzt werden. Das MPA wird auch im Rahmen des Such- und Rettungsdienstes (SAR) eingesetzt. Hierfür wird ständig ein Flugzeug in Drei-Stundenbereitschaft gehalten.

Mit Beginn des Golfkonfliktes erfolgte eine Schwerpunktverlagerung zur Seeraumüberwachung. Hier kann die BREGUET ATLANTIC einen bedeutenden Beitrag zur maritimen Risikovorsorge und zur Krisenbewältigung leisten.

Propeller-Wirbelschleppe einer Breguet Atlantic duch kondensierende Feuchtigkeit.
A Breguet Atlantic's propeller wake condenses under high humidity conditions.

SEA LYNX

Der Bordhubschrauber SEA LYNX MK88, stationiert im MFG 3 „Graf Zeppelin", ist einer der Hauptsensoren der Fregatten der Klassen 122 und 123 und wesentlicher Teil des Waffensystems Schiff, auf dem zwei Hubschrauber und 18 Mann fliegendes und technisches Personal den „Hauptabschnitt 500" bilden.

Die Ausrüstung und Bewaffnung des Hubschraubers ist auf seine Hauptrolle U-Jagd ausgelegt. Der SEA LYNX ist mit einem tiefenvariablen Sonar für aktive und passive Ortung sowie mit zwei Torpedos zur Bekämpfung gegnerischer U-Boote ausgerüstet.

Weitere wertvolle Dienste leistet der Bordhubschrauber im Rahmen von Embargoüberwachung, indem er Überprüfungskommandos von Fregatten auf die zu untersuchenden Handelsschiffe abseilt. Die Rolle wird mit „Fast Roping" bezeichnet.

Der Bordhubschrauber stellt als integriertes Waffensystem der Fregatten 122 und 123 ein flexibles Waffensystem der Krisenreaktionskräfte dar.

Seine besonderen Fähigkeiten liegen in schwerpunktmäßiger U-Jagd, Aufklärung, Zieldatenübermittlung und Personal- und Materialtransport.

SEA LYNX Landeanflug auf eine F122.
SEA LYNX landing approach on a F122.

Der SEA LYNX ist ein äußerst vielseitiger Helicopter für den Bordbetrieb.
A most versatile helicopter for on-ship service: The SEA LYNX.

DO 228 »ÖL-ÜBERWACHUNG« / LUFT-TRANSPORT

Die DO 228 sind zur Überwachung von Meeresverschmutzung ausgerüstet und haben den Auftrag, erkannte Verunreinigungen zu analysieren und an das zuständige Wasser- und Schiffahrtsamt zu melden, um eine Feststellung der Täterschaft einzuleiten. Sie sind mit einem Forward Looking Airborne Radar (FLAR), einem Side Looking Airborne Radar (SLAR), einem Micro Wave Radiometer (MWR), einem Laser Fluor Sensor (FLS), einem Infrared/Ultraviolet Sensor (IR/UV) und einer Video-Kamera ausgerüstet.

Das Flugzeug wird zu unterschiedlichen Zeiten, Tag und Nacht eingesetzt. Entdeckte Verschmutzungen werden an die Wasser- und Schiffahrtsdirektion gemeldet. Dieses ist keine klassische Aufgabe im Sinne der Marine, aber, als wichtiger Bestandteil eines umfassenden Vorsorgekonzeptes der Bundesrepublik, ist die Beobachtung und Aufklärung von Wasserverschmutzung eine an Bedeutung zunehmende Aufgabe der Seeüberwachung in Unterstützung des Bundesministeriums für Verkehr.

Für den Lufttransport stehen dem Befehlshaber der Flotte zwei DO 228 im MFG 3 zur Verfügung. Sie werden vielfältig genutzt, von der unterstützenden Ausbildung für junge Piloten, Besatzungsaustausch für die SAR Außenstellen, bis hin zur Unterstützung/Versorgung der See- und Seeluftstreitkräfte in ihrem jeweiligen Einsatz- und Übungsgebieten und als Transportmittel für den Personaltransport.

ROLAND

Für die Verteidigung eines Fliegerhorstes wurde 1989 das Flugabwehrsystem ROLAND für die Marinefliegergeschwader eingeführt. Aufgabe dieses „short range air defence" Systems ist es, die Einsatzflugplätze der Marine gegen feindliche Angriffe aus der Luft zu verteidigen.

Das MFG 2 und MFG 3 verfügen dafür über je einen mobilen Flugabwehrgefechtsstand und sechs mobile Raketenstarter, die entweder Ziele autonom oder unter der Leitung des Flugabwehrgefechtsstandes bekämpfen können. Die Merkmale des System sind die hohe Mobilität und Unabhängigkeit, die kurze Reaktionszeiten bei der Zielentdeckung und -verfolgung und -bekämpfung, die hohe Feuerkraft, der wartungsfreie Flugkörper und der Schutz gegen elektronische Abwehrmaßnahmen (ECM Schutz).

ROLAND Flugabwehrsystem
The ROLAND anti-aircraft system

Eine DO 228 während einer Sicherheitsübung. / DO 228 participating in airfield emergency training.

SEA KING

Das Waffensystem SEA KING MK 41 hat sich in seiner Hauptaufgabe SAR hervorragend bewährt. Die 21 Hubschrauber wurden ab 1972 im MFG 5 in Kiel Holtenau in Dienst gestellt. Seitdem versehen sie täglich rund um die Uhr ihre SAR Bereitschaft über der Nordsee, Ostsee und Schleswig Holstein.

Dazu sind Hubschrauber in Warnemünde/Mecklenburg Vorpommern stationiert. Borkum und Westerland stehen lageabhängig als Außenstellen zur Verfügung.

Zusätzlich sind SEA KING Hubschrauber im Rahmen von Krisenreaktionsmaßnahmen zur logistischen Unterstützung für eigene Seestreitkräfte und für Evakuierungsmaßnahmen, mit der Option der Einschiffung auf dem Einsatzgruppenversorger, vorgesehen.

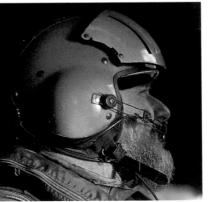

Der SEA KING Navigator legt die Koordinaten des sich auf See befindlichen Versorgunsschiffes fest (links); die Cockpitbesatzung bereitet die Landung auf dem Achterdeck vor (rechts).

The SEA KING navigator pinpoints the navy supply vessel's sea position (left), the cockpit crew (right) prepares the landing approach on the helicopter deck.

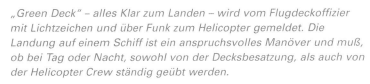

„Green Deck" – alles Klar zum Landen – wird vom Flugdeckoffizier mit Lichtzeichen und über Funk zum Helicopter gemeldet. Die Landung auf einem Schiff ist ein anspruchsvolles Manöver und muß, ob bei Tag oder Nacht, sowohl von der Decksbesatzung, als auch von der Helicopter Crew ständig geübt werden.

"Green Deck" – the flight deck officer's permission for the helicopter to land. Landing an aircraft on a sea borne helicopter pad requires practice and precision – from both the ship and helicopter crews.

AUSBLICK

Die zur Zeit im Dienst befindlichen fliegenden Waffensysteme der Marine werden über das Jahr 2000 hinaus fliegen. Im Rahmen von Nutzungsverlängerung und Kampfwertanpassung werden die Waffensysteme auf den notwendig gewordenen neueren technischen Ausrüstungsstand gebracht.

Als Nachfolgemuster für die Hubschrauber SEA KING und SEA LYNX ist die Marine-Version des Hubschraubers NH 90 vorgesehen. Für ein zukünftiges Seeraumüberwachungs- und U-Jagd-Flugzeug, als Nachfolger der BREGUET ATLANTIC ab 2007, sind taktisch-technische Forderungen erarbeitet. Das Waffensystem TORNADO wird mit Hilfe von Kampfwertsteigerungen bis weit nach 2015 effektiv einsetzbar sein.

Marineluftstreitkräfte haben im Rahmen der Krisenreaktion sowie Konfliktverhütung an Bedeutung gewonnen. Ihre taktischen Fähigkeiten reichen von der Aufklärung bis zum Waffeneinsatz. Grundvoraussetzung für einen wirkungsvollen Einsatz der Seeluftstreitkräfte ist die zentrale einheitliche Führung und eine rasche Verfügbarkeit, mit direktem Zugriff und Einwirkmöglichkeit des Befehlshabers.

Die Flugzeuge der Flottille der Marineflieger sind als reaktionsschnelle, flexible, durchsetzungsfähige und schlagkräftige Seekriegsmittel ein unverzichtbarer Bestandteil unserer modernen Flotte.

Die Hubschrauber der Marine leisten wertvollste Dienste in der Seenotrettung. Sie arbeiten eng mit der Deutschen Gesellschaft zur Rettung Schiffbrüchiger zusammen (rechts). Die Hauptlast in der Rettungsarbeit tragen die SEA KINGS (mitte), aber auch die SEA LYNX können helfen (rechts, aussen).

In close co-operation with the German Lifeboat Society, navy helicopters render invaluable service in sea rescue missions (left and centre). The main workload is carried by the SEA KINGS, but the SEA LYNX can also give assistance (far right).

FLOTTILLE DER MARINEFÜHRUNGSDIENSTE

AUFTRAG

Der Auftrag: Sicherstellen der Führungsfähigkeit des Befehlshabers der Flotte. Dies geschieht durch schnellen, sicheren und zuverlässigen Befehls- und Meldeaustausch zwischen dem Befehlshaber der Flotte und den Seestreitkräften. Das neue Aufgabenspektrums erfordert die weltweite Erreichbarkeit der Einsatzmittel der Flotte. Darauf aufbauend soll eine nahezu verzugslose Lagebilderstellung ermöglicht werden, die als ständig aktualisierte Grundlage einer erneuten Entschlußfassung und damit der Befehlsgebung dient.

Der Führungsfähigkeit dienen: Der landgebundene Fernmeldeverbindungs- und -betriebsdienst in Verbindung mit der Durchführung der Schaltaufgaben der Marine (Demander), die land-, bord- und luftgestützte Fernmeldeelektronische Aufklärung und Fernmeldeelektronische Kampfführung und der landgebundene Ortungsdienst. Der Flottille unterstehen die Marinefernmeldeabschnitte 1 und 2 in Glücksburg und Sengwarden, die Marinefernmeldegruppe 30 in Rostock-Gelsdorf und der Marinefernmeldestab 70 (MFmStab) in Flensburg. Der Kommandobereich erstreckt sich über die Bundesländer Niedersachsen, Schleswig-Holstein und Mecklenburg-Vorpommern. Er reicht von der U-Boot-Sendestation Saterland-Ramsloh im Westen bis zur Marinefunksende- und -empfangsstelle Arkona auf Rügen, einschließlich der Fernmeldestellen Borkum, Helgoland, Wangerooge und Fehmarn.

1900 Soldaten und zivile Mitarbeiter stellen Tag und Nacht die Verbindung zu den Einheiten in See sicher, sorgen für Aufklärung und garantieren den Fernsprech- und Fernschreibbetrieb in Schwerpunktbereichen der Marine an Land.

MITTEL

Zur Erfüllung des Auftrages unterhält die MFüDstFltl Führungsmittel unterschiedlicher Technik und Reichweite mit dem Ziel, die Adressaten durch ein in der Tiefe gestaffeltes Fernmeldesystem weltweit zu erreichen. Es umfaßt:
- Fernmeldeversorgung der Flotte im heimatlichen Marinestützpunkt
- Fernmeldeversorgung in heimatlichen Gewässern
- Fernmeldeversorgung auf hoher See, in außerheimischen Gewässern.

Drei Marinefernmeldezentralen, mit den ihnen zugeordneten Sende- und Empfangseinrichtungen, bilden die Knotenpunkte des Systems. Die Marinefernmeldezentralen sind über ein taktisches Richtfunknetz sowie Landleitungen untereinander verbunden.

Zur Führung der U-Boote dient das U-Boot-Führungssystem. Es besteht aus einem Längstwellensender, dessen Signale auch von getauchten U-Booten bis ca. 20 m Tiefe empfangen werden können und den drei Empfangsstationen in Wittmund-Harlesiel, Lütjenholm und Schwedeneck. Neben den nationalen Weitverkehrsverbindungen nutzt die Marine auch den NATO-IV Satelliten über die NATO-Bodenstation Euskirchen. Vier Sende- und Empfangsanlagen SCOT 1A sind bei der Flotte im Einsatz, das Nach-

Oste-Klasse Flottendienstboot
Oste-Class electronic intelligence vessel

folgegerät SCOT 3 befindet sich mit dem Fregattenbauprogramm F123/F124 im Zulauf.

Zur Zeit werden über diese Verbindungen gleichzeitig zwei Fernschreibverbindungen (Land-See und See-Land) verschlüsselt sowie eine Fernsprechverbindung betrieben. Die Fernmeldeversorgung im Bereich der heimischen Küste wird vorrangig durch Funksende-/-empfangsanlagen im Frequenzbereich UHF/VHF gewährleistet. Der Ersatz der Signalstellen durch unbemannte Sende-/-empfangsstationen ist 1998 als Kommunikationsverbund UHF/VHF in Betrieb genommen worden.

Die land-, luft- und seegestützte Fernmelde- und elektronische Aufklärung wird durch den MFmStab 70 in ortsfesten und mobilen Anlagen ganzjährig im 24 Stundenbetrieb durchgeführt. Träger der mobilen Anlagen sind die drei Flottendienstboote OSTE Klasse 423 in Kiel, die ALSTER, OSTE und OKER sowie die vier BREGUET ATLANTIC SIGINT-Versionen in Nordholz.

Die Fm-Aufklärung im HF-Bereich wird mit der neu errichteten Großpeil-

und Erfassungsanlage „Kastagnette" durchgeführt. Die Aufgabe Acustic Intelligence (ACINT) wird von der Marineunterwasserortungsstelle (MUWOST) in Marienleuchte/Fehmarn und dem Hydroakustischen Analysezentrum (HAM) beim MFmStab 70 wahrgenommen.

AUSBLICK

Die Flottille der Marineführungsdienste schafft bereits heute mit ihren Mitteln und Kräften die betrieblichen und technischen Voraussetzungen für die lagegerechte Führung der Flotte. Künftige Schwerpunkte:
- die fortlaufende Nutzung und Anpassung an moderne Technik
- die Digitalisierung, Datenverarbeitung und schnelle -übertragung zur weitergehenden Systemorientierung auch der Marineführungsdienste an Land
- die Einsparung von Personal und Material, bei gleichbleibender Effektivität durch modernen technischen Standard
- eine hohe Automation und eine enge Vernetzung
- die Auslegung der Führungssysteme der Marine auf geographische Aufgabenerweiterung.

Der Kommunikationsverbund in dem Führungssystem Flotten-Kommando, d.h. die Fernsteuerung, Ferntastung und Fernüberwachung aller Marinefunksende- und -empfangsstellen von einem Marine-Hauptquartier mit den Übertragungsmedien Taktisches-Richtfunknetz-FlottenKommando und ISDN-Bundeswehr, befindet sich im Aufbau.

In der „Fernmelde-Ecke" der OPZ wird über UHF die ship-ship und ship-shore Verbindung hergestellt.
The ship-ship and ship-shore links are transmitted via VHF from the CIC.

MARINEARSENAL

Das Marinearsenal ist nicht im alten Sinne der Arsenale ein Zeughaus oder Waffenlager, sondern es versteht sich als der „Generalunternehmer" für die Instandsetzung in der Marine. 200 Schiffe und Boote sowie 110 Landanlagen sind die „Kunden" des Arsenals, das mit etwa 3350 Personen Personal in mehr als zehn Dienstorten, an der Nord- und Ostseeküste, die Reparatur- und Instandsetzungsarbeiten durchführt.

Die zentrale „Objektlenkung" in Wilhelmshaven übernimmt zusammen mit den Dienststellen der Marine die Vorbereitung, Koordinierung und Überwachung der Zwischen- oder Depotinstandsetzung der Schiffe und Boote in enger Zusammenarbeit mit der Werftindustrie.

Die Einheiten werden hierfür in regelmäßigen Abständen von ihren Geschwadern abgezogen. Die Reparaturen von schiffstechnischen Anlagen, wie Antriebsmotoren, Ruderanlagen und Schiffskörper, werden von Fachfirmen durchgeführt und von den Mitarbeitern des Arsenals vor Ort kontrolliert und abgenommen.

Die hochwertigen elektrischen und elektronischen Waffenanlagen, Geräte und Systeme, werden von den Arsenalbetrieben weitgehend selbst durchgeführt. Hierfür werden von den betriebseigenen Ingenieuren Fehleranalysen erstellt, um durch Verbesserungsvorschläge die Erfahrungen aus der Instandsetzung in die Konstruktion der Neubauten einfließen zu lassen.

Im täglichen Betrieb der fahrenden Einheiten oder in den Ausbildungsanlagen an Land treten oft Schäden auf, die mit Bordmitteln nicht beseitigt werden können. Hier hilft das Marinearsenal mit ihrer Sofortinstandsetzung. Mit ihren modernen Maschinen, Werkzeugen und Meß- und Prüfgeräten arbeiten die Spezialisten an Bord oder an Land vor Ort oder in den großen Werkstätten in Wilhelmshaven und Kiel.

Begleitet werden alle Instandsetzungen, ob an Bord oder an Land, von einer intensiven Qualitätssicherung, um für die Marine einwandfreie, betriebssichere Schiffe zu gewährleisten.

Im Druckdock des Marinearsenals werden seit über dreißig Jahren die deutschen U-Boote auf Dichtigkeit ihrer vielen Bordabsperrungen überprüft (rechts). Nach jeder Grundinstandsetzung oder nach Arbeiten an den Druckkörperdurchführungen wird das U-Boot entsprechend seiner Einsatztauchtiefe, plus eines Sicherheitszuschlages, abgedrückt.

Die dadurch erreichte Sicherheit schafft für die Einsatzführung wie auch für die

Besatzungen großes Vertrauen in die materielle Sicherheit der U-Boote. Das Kugelschott des Druckdocks wird ausgeschwommen (links).

For over thirty years the pressure dock of the Navy Arsenal (right) has checked German submarines for the tightness of their many apertures. After any basic maintenance or work performed on the pressure hull, the submarines are given a hydraulic pressure test relevant to the depth they are deployed in, plus an extra amount for safety.
The reliability thereby achieved gives both the mission commander and the crews great confidence in the safety of their vessels. The round watertight door of the pressure dock is floated out (left).

Die großen Überholungsarbeiten oder Systemmodernisierungen wie hier der Fregatten (links, oben, unten), Zerstörer (rechte Seite) und Öl-Auffang-Schiff (links) werden vom Marinearsenal an die Werften vergeben und dort durchgehend überwacht. Um schnell die Einsatzfähigkeit der Schiffe wiederherzustellen, ist eine gut koordinierte Zusammenarbeit zwischen Werften und Marinearsenal besonders wichtig.

The Navy Arsenal commissions shipyards to carry out major overhauls or system modernizations, and thoroughly supervises all work performed. Good cooperation between the Navy Arsenal and the shipyards is essential to ensure that ships can rapidly re-enter service.

Zerstörer MOLDERS beim Ausdocken / Ready to leave the dry dock: Destroyer MOLDERS

MARINEAMT

AUFTRAG

Das Marineamt in Rostock ist eine der drei Höheren Kommandobehörden der Marine und unmittelbar dem Inspekteur der Marine unterstellt. Zu den Aufgaben des Marineamtes unter dem Kommando des Amtschefs im Dienstgrad eines Konteradmirals zählen die Koordination der lehrgangsgebundenen Ausbildung aller Soldaten der Deutschen Marine, die Bearbeitung aller Fragen des Sanitätsdienstes und Gesundheitswesens der Marine, die Führung des Marinesicherungsdienstes, die Steuerung der Nachwuchswerbung der Marine, die geophysikalische Unterstützung der Flotte sowie die Er- und Bearbeitung der personellen und materiellen Ausstattungsgrundlagen der Marine.

DIE SCHULEN DER MARINE

Seit 1994 befindet sich die Schullandschaft der Marine im Umbruch. Die ursprünglich 16 fachbezogenen Schulen und Ausbildungseinrichtungen der Marine werden so umorganisiert/umstrukturiert, daß bis zum Jahr 2003 nur noch die bisher bestehenden zwei Vorgesetztenschulen und drei Funktionsschulen mit einer abgesetzten Lehrgruppe (Lehrgruppe Schiffssicherung in Neustadt) bei der Marine bestehen werden:

- Marineschule Mürwik, Flensburg
- Marineunteroffizierschule, Plön
- Marineoperationsschule, Bremerhaven
- Marineversorgungsschule, List
- Marinetechnikschule, Parow
- Lehrgruppe Schiffssicherung, Neustadt

Die zur Zeit noch bei der Marinefernmeldeschule, Flensburg und Eckernförde, Marinewaffenschule, Eckernförde und Kappeln und Technischen Marineschule Kiel stattfindende Ausbildung wird schrittweise zur Marineoperationsschule und zur Marinetechnikschule verlagert. Bei der im Aufbau befindlichen Marinetechnikschule findet schon seit 1997 die Grundausbildung für das schiffstechnische Personal der Marine sowie die Grund- und Fachausbildung für das im Decksdienst eingesetzte Personal statt. Nach Abschluß der Neuordnung der Schulorganisation werden bei der Marineoperationsschule alle taktisch/operativen Ausbildungsgänge, bei der Marinetechnikschule alle technischen Ausbildungsgänge konzentriert sein.

MARINESCHULE MÜRWIK

Nach den Plänen des Marinebaurates Kelm gebaut und in der äußeren Gestaltung maßgeblich an der Marienburg orientiert, wurde die Marineschule Mürwik als Ausbildungsstätte für die Marineoffiziere 1910 durch Kaiser Wilhelm II eingeweiht. Nach Stettin, Danzig und Berlin sind die Fähnriche der Marineschule seit dem 1. Oktober 1910 hier in der Ausbildung. Nach dem Ersten Weltkrieg diente die Schule alliierten Truppen, die die Abstimmung im deutsch-dänischen Grenzgebiet zu überwachen hatten, als Unterkunft. Der Ausbildungsbetrieb für die Offiziere wurde aber bereits 1920 wieder aufgenommen.

In den letzten Kriegswochen des Jahres 1945 war das Hauptgebäude der Marineschule Lazarett. Wenige Tage vor Kriegsende wurde der Sportschulbereich der Marineschule das letzte politische und militärische Führungszentrum. Großadmiral Dönitz übernahm am 1. Mai 1945 die letzte deutsche Reichsregierung und verlegte zwei Tage später sein Hauptquartier in das Gelände der Marineschule Mürwik.

Nach 1945 diente die Schule weiterhin als Krankenhaus, ab 1949 als Zollschule, und später war in einem Flügel die Pädagogische Hochschule untergebracht. 1956 zog die Bundesmarine mit der Crew I/56 in den Nordteil des Hauptgebäudes ein und seit 1959 werden alle Einrichtungen der Schule wieder für die Offizierausbildung der Marine genutzt.

AUSBILDUNG DER MARINEOFFIZIERE

Die Marineschule Mürwik führt die Offizierausbildung für Berufs-, Zeitoffizier-, Sanitätsoffizieranwärter und -anwärterinnen sowie die Ausbildung für Offizieranwärter des Militärfachlichen Dienstes durch. Darüber hinaus wird die Offizierweiterbildung und die Ausbildung für Offizieranwärter des Militärfachlichen Dienstes, für Patentinhaber aus der Handelsschiffahrt und für ausgewählte Bewerber aus anderen Laufbahnen zu Reserveoffizieren durchgeführt.

Die Offizieranwärter kommen im ersten Jahr ihrer Ausbildung erstmalig zum Offizierlehrgang an die Marineschule. Vorher haben sie bereits die allgemeine Grundausbildung an der Marineunteroffizierschule in Plön, die seemännische Grundausbildung auf dem der Marineschule unterstellten Segelschulschiff *GORCH FOCK** und ein technisches Grundpraktikum durchlaufen.

Nach Beendigung des Offiziergrundlehrganges, der ein Praktikum auf Schiffen und Booten der Flotte einschließt, legt er seine Offizierprüfung ab. Nach Abschluß dieser ersten Ausbildungsphase verläßt er die Marineschule, um sein Studium an einer der Universitäten der Bundeswehr in München oder Hamburg zu absolvieren. Nach dieser wissenschaftlichen Ausbildung von drei bis vier Jahren kehrt der junge Offizier an die Marineschule zurück, um auf einem weiterführenden Lehrgang auf seine erste Verwendung in der Marine vorbereitet zu werden.

*Die GORCH FOCK ist eine Bark, deren Rumpf und Masten aus Stahl sind. Sie hat eine Verdrängung von 1870 ts, und ihre 2037 qm Segelfläche sind aus Kunststoff hergestellt. Die GORCH FOCK läuft unter Segeln eine max. Geschwindigkeit von 16 kn und mit dem Hilfsmotor 12 kn. Sie hat eine Stammbesatzung von zwölf Offizieren und 55 Unteroffizieren und Mannschaften. An Bord ist Platz für 160 Lehrgangsteilnehmer. Am 23. August 1998 feierte die bei Blohm & Voss gebaute GORCH FOCK ihr vierzigjähriges Jubiläum.

Auch später kommen die Marineoffiziere zu den unterschiedlichsten Lehrgängen zur Aus- und Weiterbildung immer wieder an ihre „Alma mater" zurück. An der Marineschule Mürwik werden junge Männer zu Offizieren ausgebildet, die bereit und fähig sind, verantwortungsbewußt Menschen, Schiffe und Flugzeuge zu führen.

MARINEUNTEROFFIZIERSCHULE

Die Unteroffizierschule hat den Auftrag, Laufbahnlehrgänge zum Maaten, zum Bootsmann, zum Maaten der Reserve und zum Bootsmann der Reserve durchzuführen, um die Befähigung zum militärischen Vorgesetzten sowie zum Führen und Ausbilden von unterstellten Soldaten für den entsprechenden Dienstposten zu vermitteln. Darüber hinaus führt die Marineunteroffizierschule die militärische Grundausbildung für die Offizieranwärter des Truppen- und Sanitätsdienstes der Marine durch.

Nach Beginn der zentralen Unteroffizierausbildung in der Bundesmarine 1956 in Cuxhaven und ab 1957 in Eckernförde, verlegte die Unteroffizierschule 1960 wieder an ihren Traditionsstandort Plön. Jahr für Jahr werden hier junge Soldaten für ihre Aufgaben als Vorgesetzte ausgebildet und erzogen, um anschließend als Führer und Ausbilder in der Truppe Verantwortung übernehmen zu können.

Wehrrecht, soldatische Ordnung, Methodik der Ausbildung und Politische Bildung, sind zusammen mit der Menschenführung zentrale Themen der theoretischen und praktischen Ausbildung. Sie werden ergänzt durch Handwaffen- und Schießausbildung, Praktische Seemannschaft, Formaldienst (Exerzieren) und Sport. Durchaus gewollt sind auf diesen Lehrgängen die vielseitigen geistigen, körperlichen und psychischen Anforderungen an die Lehrgangsteilnehmer, denn nach erfolgreichem Abschluß soll ein vielseitig einsetzbarer, zuverlässiger und belastungsfähiger Vorgesetzter vor seine Soldaten treten können.

Aber auch die bereits in der Truppe bewährten und erfahrenen Portepeeunteroffiziere haben die Möglichkeit zur Weiterbildung. So werden für diesen Personenkreis regelmäßig vierwöchige Weiterbildungsseminare angeboten, um sie mit Neuerungen, Veränderungen oder auch mit Grundsatzerwägungen der Marineführung vertraut zu machen.

Insgesamt ist jeder länger dienende Unteroffizier im Verlaufe seiner Dienstzeit bis zu dreimal an der Marineunteroffizierschule, so daß hier eine große Verantwortung für die Erziehung und Ausbildung der Soldaten der Marine liegt.

MARINEORTUNGSSCHULE/ MARINEOPERATIONSSCHULE

1956 wurde in Bremerhaven der Neubeginn der Marineschulen der Bundesmarine eingeleitet. In der seinerzeit noch von amerikanischen Truppen teilweise genutzten Kasernenanlage nahm die Marineortungsschule im Oktober 1956 ihren Betrieb auf. Im Mai 1957 wurde die Anlage von den Amerikanern

wieder der Marine übergeben, so daß der Lehrbetrieb an der Ortungsschule den Erfordernissen entsprechend ausgebaut werden konnte.

Mit modernen Navigations- und Radaranlagen, sowie mit einem ehemaligen Minenräumboot, später mit der Schulfregatte *SCHEER*, wurde die Navigationsausbildung aufgenommen. Gleichzeitig begann die Elektronikausbildung für alle Dienstgradgruppen, um die Pflege und Wartung der Radar-, Navgations- und Sonaranlagen an Bord und an Land sicherstellen zu können. 1970 wurden die mittlerweile veralteten Ausbildungsgeräte durch moderne Anlagen ersetzt und Lehrgänge für Soldaten mit elektronischen Vorkenntnissen sowie Lehrgänge für Mikrocomputer eingeführt. Seit 1963 konnten Soldaten nach ihrer Elektronikausbildung einen zivilen Abschluß bei der Industrie- und Handelskammer erwerben. Seit 1974 wird der Abschluß als Informationselektroniker, Nachrichtengerätemechaniker und seit 1990 der Abschluß als Kommunikationselektroniker Fachrichtung Funk und Informatik erreicht. Eine Ausbildung zum Industriemeister ist für längerdienende Soldaten ebenfalls möglich.

Neben der technischen Fachausbildung ist ein wesentlicher Schwerpunkt, die Ausbildung der Offiziere, Portepeeunteroffiziere und Unteroffiziere in den Fachrichtungen Operationsdienst,

Nautik, Elektronische Kampfführung und Taktik.

Die Lehrgruppe Seetaktik, für 30 Jahre in Wilhelmshaven die taktische Weiterbildungsstätte für alle Offiziere der Marine, wurde 1997 als Ausbildungszentrum Taktik und Verfahren an der Operationsschule in Bremerhaven eingerichtet und dient der taktischen Aus- und Weiterbildung der Offiziere aller Schiffe, Boote und Flugzeuge. Mit der Aufnahme der ehemaligen Lehrgruppe Seetaktik wurde die Marineortungsschule in Marineoperationsschule umbenannt.

Nach der endgültigen Umstrukturierung der Marineoperationsschule im Jahr 2002 finden alle technischen Ausbildungsgänge an der Marinetechnikschule in Parow statt. Die Ausbildung des Marinepersonals in den Bereichen Operation, Navigation, Fernmelde/Eloka, Taktik und Verfahren bei der Marinefernmeldeschule, und bei der Marinewaffenschule wird dann für alle Dienstgradgruppen in Bremerhaven stattfinden.

TECHNISCHE MARINESCHULE/ MARINETECHNIKSCHULE

An der ehemaligen „Technischen Marineschule Kiel-Wik", wo bis 1945 die technische Ausbildung der Marine durchgeführt wurde, begann am 1. Juni 1956 die Aufstellung der „Technischen Marineschule" für die Ausbildung des schiffstechnischen Personals der Bundesmarine.

Diese Ausbildungseinrichtung war erforderlich, um für die noch aus wenigen Einheiten bestehende, aber schnell wachsende Flotte, mit spezialisiertem schiffstechnischem Personal besetzen zu können. Anfangs aufgeteilt in zwei örtlich getrennte Bereiche, wurde die Ausbildung für die Schiffstechniker später in zwei Schulen TMS I in Kiel und TMS II in Bremerhaven, durchgeführt.

1982 wurden im ersten Schritt Teile der TMS II - Ausbildung von Bremerhaven nach Kiel verlegt und dort mit der TMS I zur Technischen Marineschule zusammengefaßt. Die Ausbildung zum Abschluß einer Facharbeiter- oder Gesellenprüfung verblieb zunächst in Bremerhaven. Erst 1987 war die Zusammenlegung der Ausbildung in Kiel endgültig abgeschlossen, nun aufgeteilt in drei Lehrgruppen.

Im Rahmen der Neuordnung der Marineausbildung wird künftig die gesamte technische Ausbildung der Marine an der Marinetechnikschule in Parow bei Stralsund zusammengefaßt. Hierzu gehört nicht nur die Schiffstechnische Ausbildung, sondern auch die technischen Ausbildungsanteile der Waffenschulen, der Marinefernmeldeschule und der Marineoperationsschule. Zusätzlich wird in Parow auch die Ausbildung der seemännischen Unteroffiziere und Mannschaften durchgeführt.

Zur Zeit befindet sich in Parow

die „Lehrgruppe C", in der die Grundausbildung der jungen Rekruten der Verwendungsreihe „Schiffstechnik" in einem dreimonatigen Lehrgang mit allgemeinmilitärischen und militärfachlichen Anteilen durchgeführt wird. Den Soldaten werden die Fähigkeiten und Fertigkeiten vermittelt,die ein Mannschaftsdienstgrad zur Erfüllung der Aufgaben seiner jeweiligen Verwendungsreihe im Hauptabschnitt Schiffstechnik auf Schiffen und Booten der Marine benötigt (Motorentechnik, Elektrotechnik, Schiffsbetriebstechnik). Diese Fähigkeiten und Fertigkeiten werden den Soldaten im theoretischen Unterricht sowie in praktischen Übungsstunden vermittelt. Abgerundet wird diese Ausbildung durch Übungen auf einem ehemaligen Minensuchboot, um die Verhältnisse an Bord kennenzulernen und eine Einweisung in Brand- und Leckabwehr zu erhalten.

Die zukünftige „Lehrgruppe A", zur Zeit noch als Technische Marineschule in Kiel, wird mit der Regelausbildung zum Unteroffizier und Offizier des Verwendungsbereiches Schiffstechnik, mit den Fächern – Motorentechnik, Elektrotechnik und Schiffsbetriebstechnik – den Kern der Marinetechnikschule bilden.

Die Lehrgänge dauern in diesem Bereich zwischen drei Monaten für den Unteroffizier und bis zu zwölf Monaten für den Offizier des Militärfachlichen Dienstes. Darüber hinaus finden Sonder- und Ergänzungslehrgänge, für berufsbezogene Ausbildung, Systemausbildung für bestimmte Schiffs-/Bootsklassen, Einweisungslehrgänge für Offiziere aus Nicht-NATO-Staaten und Kurzlehrgänge statt.

In drei gut ausgestatteten Maschinenhallen stehen in Kiel für die Ausbildung Schnittmodelle und Torsi unter-

schiedlicher Geräte, Motoren und Generatoren zu Demonstrationszwecken zur Verfügung, die Verständnis für technische Zusammenhänge und Abhängigkeiten wecken. Funktionsfähige Motoren, bordidentische Antriebs- und E-Anlagen sowie Schiffsbetriebsanlagen erlauben das Erlernen manueller Fertigkeiten und Erfahrungen mit dem Betriebs- und Störverhalten. Für die Marinetechnikschule befinden sich die entsprechenden Räumlichkeiten zur Zeit in der Planung bzw. im Rohbau. Die schiffstechnische Ausbildung der „Lehrgruppe A" wird im zivilen Bereich als C-Patent für die Handelsschiffahrt anerkannt.

Die „Lehrgruppe Schiffssicherung", in Neustadt/Holstein, die jährlich von etwa 6000 Soldaten durchlaufen wird, umfaßt: den Brandabwehrdienst, den Leckabwehrdienst, den ABC-Abwehrdienst, den Rettungs- und Bergungsdienst sowie den Sanitätsdienst im Gefecht und den Taucherdienst, einschließlich des Tauchersanitätsdienstes sowie die Einsatzgrundlagen.

Da die Schiffssicherung integraler Bestandteil des Gesamtgefechtes ist, stehen auch die aufgeführten Dienste nicht einzeln nebeneinander, sondern sind ineinander greifende Teiloperationen, die nur im Verbund wirksam sein können.

Das Anforderungsprofil reicht deshalb von den handwerklichen Fähigkeiten, über die schnelle und richtige Lagebeurteilung bis hin zum Einsetzen und Führen von Kräften.

Die Ausbildung von Truppenführern, Gruppenführern, Schifftechnik-Offizieren, Schiff- und Geschwaderführung und Tauchern bilden im Zusammenhang die erforderliche Sicherheit für ein zielgerichtetes Handeln bei Gefechtseinwirkungen.

Im Rahmen der Einsatzausbildung der Flotte findet in Neustadt die Schadensabwehrgefechtsausbildung (SAGA) statt. Hier erfolgt auf den jeweiligen Schiffen und Booten eine konzentrierte Ausbildung für die gesamte Besatzung, um das Gesamtsystems auch nach Gefechtsschäden sicher beherrschen zu können.

MARINEVERSORGUNGSSCHULE

Die Marineversorgungsschule hat als eine der drei Funktionsschulen der Marine (Technik, Operation, Unterstützende Dienste) den Auftrag, Soldaten für die Tätigkeiten im Stabsdienst (mit Geschäftszimmerfunktion, Bürokommunikation, Personalführung und Rechnungswesen), im Verpflegungsdienst, im Versorgungsdienst mit allen Bereichen der Materialwirtschaft und im Sanitätsdienst, auszubilden. Sie führt die Grundausbildung und die militärfachliche Ausbildung für Rekruten sowie die militärfachliche Ausbildung für angehende Unteroffiziere und Bootsmänner (Feldwebel) durch. Darüber hinaus wird an der Marineversorgungsschule die Offizierausbildung in einer Reihe von unterstützenden Führungsgrundgebieten und Fachgebieten der Marine durchgeführt. Das gilt gleichermaßen für Offizieranwärter des Militärfachlichen Dienstes wie auch für Offiziere, die künftig als Schiffsversorgungsoffiziere an Bord von Zerstörern, Fregatten und Versorgern oder als

Versorgungsoffiziere in Bootsgeschwadern und Landdienststellen, z.B. in Depots, Stützpunkten, Bataillonen oder Führungsstäben eingesetzt werden. Des weiteren wird die Ausbildung der künftigen Personaloffiziere und der Sachbearbeiter für Alarm- und Mobilmachung hier durchgeführt.

Für diese vielen, leider im militärischen Alltag oft falsch bewerteten Dienste, ist eine ebenso gründliche wie auch fachlich qualifizierte Ausbildung erforderlich.

Was wäre ein Schiff oder Boot ohne eine gut funktionierende Kombüse? Was könnte eine Sicherungskompanie im Einsatz leisten, wenn der Versorgungoffizier nicht für den erforderlichen Nachschub gesorgt hätte? Wer würde für die Gesundheitsvorsorge und Versorgung sorgen, wenn nicht die Soldatinnen und Soldaten des Sanitätsdienstes? Und wer wollte Schiffsverbände und Flugzeuge über Wochen und Monate operieren lassen, wenn Personalsteuerung, Versorgung und Nachschub nicht von kompetenten Fachleuten organisiert und durchgeführt würde?

Jede einzelne Verwendungsreihe des Unterstützenden Dienstes hat ihre Bedeutung, bedarf für das Funktionieren der Flotte ihrer gründlichen Ausbildung und ist wie jede technische oder operative Ausbildung von einsatzentscheidender Bedeutung.

MARINESANITÄTSDIENST

Der Marinesanitätsdienst hat den Auftrag, eine den militärischen Erfordernissen und dem modernen Leistungsstandard entsprechende ärztliche Versorgung der eigenen Kräfte zu jeder Zeit sicherzustellen und dabei im Frieden, in der Krise und im Krieg sowie nach Been-

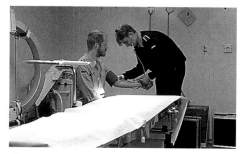

digung von Kampfhandlungen die Gesundheit der Soldaten zu schützen, zu erhalten oder wiederherzustellen.

Die Aufgaben des Marinesanitätsdienstes sind im wesentlichen die Planung, Bereitstellung und der Einsatz der Kräfte und Mittel für die sanitätsdienstliche Versorgung der Soldaten in personeller und materieller Hinsicht sowie die Ausbildung und Vorbereitung für den Einsatz.

Der Marinesanitätsdienst stellt die sanitätsdienstliche Versorgung der See- und Seeluftstreitkräfte sowie der Marinelandeinheiten lagegerecht sicher. Maßstab sind die in der Bundesrepublik Deutschland geltenden medizinischen, personellen, materiellen und infrastrukturellen Standards.

Der Marinesanitätsdienst wird vom Admiralarztes der Marine geleitet und gliedert sich in den Sanitätsdienst der Flotte und den landgebundenen Sanitätsdienst.

Der Sanitätsdienst der Flotte umfaßt den Sanitätsdienst auf Schiffen, in den Bootsflottillen, den Marinefliegerverbänden und in der Waffentauchergruppe für die einsatzunmittelbare Versorgung der Truppe.

Der landgebundene Sanitätsdienst der Marine umfaßt die Stäbe der Marineabschnitte West und Ost, denen die Standortsanitätszentren und Bundeswehrapotheken unterstellt sind sowie das Schifffahrtsmedizinische Institut der Marine.

Der Marinesanitätsdienst ist mit seinen Sanitätsoffizieren (Arzt/Zahnarzt/ Apotheker) an Land, seinen Schiffs- und Geschwaderärzten, seinen Sanitätsoffizieren in den Typflottillen sowie seinem besonders geschulten Personal ein unverzichtbarer, integraler Bestandteil der Teilstreitkraft Marine.

MARINESICHERUNGSTRUPPEN

Die Sicherungstruppen haben sich im Verlauf der unterschiedlichen Strukturen der Marine vielfach verändert. Mit ihren oft wechselnden Aufträgen:
- begrenzte Pionierfähigkeit
- Schwerpunktbildung für die Küstensicherung
- amphibische Operationen
- Aufgaben im Rahmen der Horstsicherung der Marineflieger
- Sicherung der Stützpunkte der Marine
- Aufgaben der Sicherung aller landgestützten Marineanlagen

waren die Marinesicherungstruppen im Verlauf der Jahre nach dem Wiederaufbau der Bundeswehr sehr unterschiedlich gegliedert und stationiert. Aus den Sicherungskompanien in den Stützpunkten und der Horstsicherung der Marinefliegergeschwader, mit dem Zentrum der Grundausbildung an der Unteroffizierschule in Plön, wurde nach der Aufstellung von drei aktiven Sicherungsbataillonen in Glückstadt und Rostock heute das Marinesicherungsregiment:
- Bataillon 1 in Glückstadt
- Bataillon 3 in Seeth
- Ausbildungsbataillon in Glückstadt.

Ergänzend gibt es an beiden Standorten die Bataillone 2 bzw. 4 als Geräteeinheiten, die im Mobilmachungsfall aktiviert werden. Die Sicherungseinheiten haben den Auftrag, zugewiesene Marineobjekte sowie Transporte gegen Angriffe zu

schützen. Darüber hinaus stellen sie Kontingente zur Einschiffung auf Marineeinheiten zum Schutz mobiler Bordeinsatzgruppen (Boarding Teams) und zum Schutz zugewiesener Objekte im Rahmen von Einsätzen in außerheimischen Gewässern.

Dieses breite Einsatzspektrum und die damit verbundene Einbindung in die Kriesenreaktionskräfte der Deutschen Marine rechtfertigen die intensive,

vielseitige und gefechtsnahe Ausbildung in allen Gefechtsarten. Dabei bilden die Einsatzgrundsätze für die Jägertruppen einerseits und die marineeigenen Einsatzgrundsätze für die Boarding-Einsätze andererseits, die Grundlagen für das Führen, Erziehen und Ausbilden der Soldaten. Die Marinesicherungstruppe umfaßt in Friedenszeiten 1100 Mann und wächst im Mobilmachungsfall auf 2900 Soldaten an.

Die Bewaffnung und Ausrüstung ist optimiert für den infanteristischen Objektschutz. Mit geländegängigen Fahrzeugen, Handwaffen, Panzerfaust, 20 mm Feldkanonen und Fliegerfaust STINGER sind die Bataillone durch mobile Fernmeldemittel taktisch beweglich, schnell verlegefähig und vielseitig einsetzbar. Sie bilden eine schlagkräftige, gut ausgebildete Truppe, die an Land und an Bord besonders effektiv zu Schutz- und Sicherungsaufgaben eingesetzt werden kann.

An der „Alma mater" oder der „Roten Burg", wie die Marineschule liebevoll und mit großer Ehrfurcht gerne genannt wird, hat jeder Offizier, egal welchen Weg er durch die Marine genommen hat, irgendwann einen Teil seiner Ausbildung genossen. Ob Navigation, Segeln, Sprachen oder Physik, Marinegeschichte, Sport oder Seemannschaft, die Ausbildung zum Offizier umfaßt ein breit gefächertes fachliches Allgemeinwissen.

Links, außen: Wie eh und je, hat die Freitreppe ihren Reiz für Konditionstraining. Geändert hat sich seit drei Jahren nur die Hintergrundsilhouette. Der Turm der MSM wir erst in den kommenden Jahren wieder aufgebaut.

Links, oben: Der Kommandeur spricht eine „Förmliche Anerkennung" für gute Leistungen aus. Mitte, links: Navigationsunتericht an der Koppelspinne. Unten links: Der traditionelle Säulengang der MSM. Oben: Einfahrt zur Marineschule Mürwik.

Some time of the course of his career, every German naval officer will have attended the Naval Academy Mürwick for general and specialized education

The „Freitreppe" is a test for every cadet's physical condition (far left), commendation from the acadamy's commander (top left), navigation tuition (left, centre). Naval tradition in the pillar hall (bottom left), main entrance to the Naval Academy Mürwick (above).

Aus allen Bereichen der Marine kommen die jungen Soldaten zum Ausbildungszentrum der Marineschule Mürwik.
Active tradition in the Navy Acadamy Mürwik.

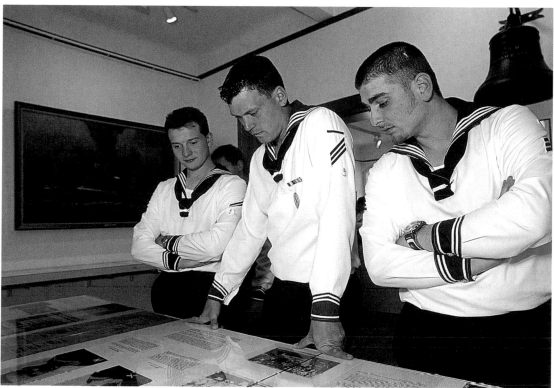

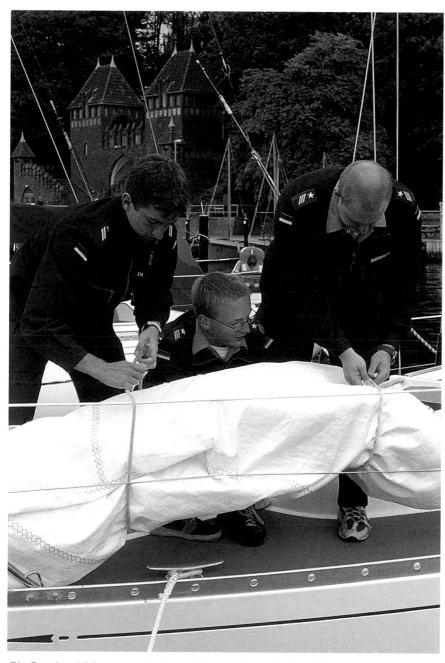

*Die Segelausbildung vermittelt dem Marineoffizier die Einschätzung und Nutzung
der Elemente Wind und See.
Ob beim Kuttersegeln (links), auf den Ausbildungsbooten Hanseat 70 (oben) oder
den 12m R-Yachten Ostwind und Westwind (rechts), die Segelausbildung fördert
den Teamgeist und schärft die Sinne für sorfältiges Manövrieren.*

Small boat training is an important component of any maritime education.
The German Navy employs cutters, 10 metre cabin cruisers and two international
12-Meter Class yachts for this purpose.

*Eine alter Zopf oder Ausbildung von gestern? Bei weitem nicht!
Denn seit über vierzig Jahren durchkreuzt die GORCH FOCK als
Ausbildungsschiff die Weltmeere und bildet dabei Offizieranwärter
und Seemännisches Personal der Marine aus. Darüber hinaus ist
das friedliche Segelschulschiff ein gern gesehener „Deutscher
Botschafter" in aller Herren Länder.*

*Hand über Hand werden die Fallen, Schoten und Geitaue geholt.
Der einzelne Mann lernt sich zu integrieren, sich mit Wind und See
auseinandersetzen. Wenn er von Bord geht, dann sind nicht nur die
Seebeine gewachsen, sondern er hat gelernt, die Kräfte der Natur*

*einzuschätzen, zu respektieren und zu nutzen. Es bleibt über die
Erfahrungen und die Erinnerung hinaus die Zufriedenheit, die
weiße Bark ohne Hilfe moderner Technik gesegelt zu haben. Ein
Fünkchen Hoffnung wird weiterschwelen, vielleicht doch eines
Tages mit der GORCH FOCK eine Reise um die Welt segeln zu dürfen.*

Is the GORCH FOCK an educational fossil? Certainly not! She has
graced the world's seven oceans for more than 40 years and
given thousands of officers their sea legs. Furthermore, this
magnificent German barque is a widely admired "ambassador"
to her country around the globe.

Keine Winsch und kein Spill: Hier wird „aufgelaufen" und kräftig von Hand geholt.
Strong muscles set and sheet sails, the Gorch Fock is a ship without a winch.

Ob in der Nock auf den „Fußpferden" oder auf der Saling, immer ist der Mann durch seinen live belt gesichert. Sicherheit ist oberstes Gebot auf der GORCH FOCK./ Aloft, safety is of paramount importance. Every crew member must wear a lifebelt.

Aufmerksam verfolgt der Kommandant die Ausbildung auf dem Mitteldeck (oben und unten) während der IO mit der Flüstertüte die Kommandos gibt (rechts). Bei geringem Wind ist das Schiff leicht zu steuern, aber der Rudergänger ist nur einer von vieren, die gemeinsam die Bark auf Kurs halten (links).

The captain follows cadet training on the main deck (above, below), whilst his executive officer enforces his commands per megaphone (right). In light airs, the GORCH FOCK is an easy ship to steer for one of the ship's four helmsmen (left).

Bis an die Grenze ihre Kräfte werden die jungen Soldaten bei der Ausbildung gefordert. Sie nutzen deshalb gerne die möglichkeit im Sitzen „ein Auge voll Schlaf" zu bekommen. / Exhausted by the hard training, young seamen take the opportunity for a quick "cat-nap".

„Wir haben kein Feindbild, aber wir müssen vorbereitet sein, gegen Feuer und Wassereinbruch zu kämpfen". Die Schiffsicherung hat auf der GORCH FOCK einen hohen Stellenwert./The only enemies the GORCH FOCK might fight, is fire and water ingress, which has to be trained.

Der Schüler am C-Rohr hat alle Hände voll zu tun, während der Ausbilder (roter Helm) unterstützende Anweisungen gibt.

Under the close surveillance of a red helmeted instructor, a pupil fights the hose for careful aim at the fire.

Der Einsatz des Einzelnen, die geführte Gruppe oder auch die geschlossene Einheit werden bei der Lehrgruppe Schiffsicherung auf mögliche Notfälle an Bord vorbereitet und lernen situationsgerechtes Handeln zur Selbst- und Kameradenhilfe und zur Sicherung des ganzen Schiffes.

Ob Wasser, Rauch, Feuer oder Verletzung, ob auf der freien Fläche oder in der Enge des Bordbetriebes, hier wird jedem Soldaten der Marine vermittelt, schnell, umsichtig, und sicher zu handeln.

Fire, smoke and water ingress training under realistic conditions. Both as an individual as well as in a group, all navy crew members learn how to protect themselves, as well as to fulfil their respective emergency tasks under extremely trying conditions aboard ships.

Keine Angst vor dem kalten Wasser! Bei der Leckabwehr ist der Einsatz des Mannes mit oder ohne Material gefordert.
Freezing cold sea water in winter can be very intimidating... every trainee is expected to give his best.

Die Ausbildung im Umgang mit dem Überlebensanzug und das Besteigen der Rettungsinsel sind ein wichtiges Kapitel des Programms an der Schiffssicherungslehrgruppe./ Entering the liferaft and the use of survival suits is an important chapter of the ship safety training programme.

Der Sanitätsdienst nimmt in der Marine eine Sonderstellung ein.

Außer bei der Militärmusik (denn Musiker sind in ihrer Einsatztrolle auch Sanitäter), gibt es nur im Sanitätsdienst weibliches Personal. Eine Besonderheit, die so manchen Soldaten anfangs befremdet haben mag, die aber schnell und problemlos zur Selbstverständlichkeit wurde.

Keine Truppe möchte heute noch auf ihre Doktorin oder ihren Doc verzichten. An Land wie an Bord sind sie in den vorzüglich ausgerüsteten Sanitätsbereichen nicht nur behandelnde Ärzte für Vorsorge, Behandlung und Nachsorge, sondern sie sind auch eine zusätzliche Bezugsperson für die jungen Soldaten. Eine wichtige Rolle, die alle Sanitätsdienstgrade auszeichnet.

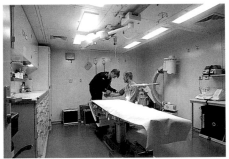

The medical service has a special status in the Navy, employing women as doctors and nurses. Quite a few servicemen may find this strange to begin with, but soon accept it as a matter of course.

Today no military unit would want to be without its doctor, whether male or female. On land just as much as at sea, doctors provide preventive medical care, treatment and follow-up care in superbly equipped facilities. They also act as persons that young seamen can relate to in human terms. This important role is performed by all medical ranks.

Die Marinemusikkorps „Ostsee" und „Nordsee" sind mit ihren je fünfzig Musikern die Stützen des Zeremoniells und der Stimmung bei offiziellen und inoffiziellen Anlässen der Marine. Ob bei Vereidigungen, Kommandowechsel, aus- und einlaufenden Schiffen oder bei geselligen Veranstaltungen und Konzerten, immer sind die Musikkorps einsatzbereit, um den Anlässen einen feierlichen und abgerundeten Rahmen zu geben.

So können die Musiker ihrer „Einsatzaufgabe" – als Sanitäter – nur in ganz seltenen Fällen gerecht werden, denn die verfügbare Dienstzeit wird, neben den musikalischen Einsätzen, dringend für Proben und Vorbereitungen gebraucht.

Two navy orchestras with 50 musicians manifest official ceremonies and public events with colour and tradition. The orchestras' male and female staff conduct double professions as musicians and medics.

„Ganze Kerle" werden in dieser Truppe gebraucht, die gleichermaßen auf den Schiffen in See, beim „boarding" mit dem Hubschrauber oder im Landkampf bei der Sicherung von Marinelandanlagen, Terrain und Waffe beherrschen müssen. Ob bei Tag oder bei Nacht, bei glühender Hitze in der Adria oder im Winterbiwak in Nordoe, der geforderte Leistungsstand wird nur durch eine systematische Ausbildung und gezieltes Training erreicht.

"Tough lads" serve in the land based navy protection personnel, a very special force with the primary mission to guard naval property and premises.
The navy protection personnel can be task forced to board ships, and is fully trained to operate in harsh climates, at sea, from the air as well as ashore in hostile terrain.

Im Kampfanzug wie in der weiß/blauen Ausgehuniform, im offenen Gelände oder an Bord, der Soldat der Marinesicherungstruppe ist für alle Sicherungs-aufgaben einsetzbar./ Wether In green drills or White Uniform #1, wether at sea or ashore, a member of the navy protection personnel is a specialist for security.

MARINEUNTERSTÜTZUNGSKOMMANDO

Das Marineunterstützungskommando gehört, wie das Flottenkommando und das Marineamt, zu den drei höheren Kommandobehörden der Marine und wird von einem Konteradmiral als Kommandeur geführt. Es ist das Logistikzentrum der Marine, wo jegliches in der Marine genutzte Wehrmaterial von der Entstehung bis zur Aussonderung betreut wird. Rüstung, Ausrüstung, Betrieb, Versorgung und Instandsetzung der Flotte werden von hier zentral, als „Logistisches System" der Marine, gesteuert.

Der Friedensausbildungsbetrieb muß materiell sichergestellt werden, Krisenreaktionskräfte der Marine müssen materiell verzugslos einsatzbereit gehalten werden und dieses muß über längere Zeit gewährleistet werden. Nach einer Vorbereitungszeit muß der Verteidigungsumfang der Marine materiell einsatzbereit sein und dieser Versorgungsstand muß gehalten werden können.

Dem Marineunterstützungskommando unterstehen:

● **Kommando Marineführungssysteme:**
In diesem Systemzentrum werden die

Im Munitionsdepot wird die für den Einsatzfall erforderliche Munition gelagert, gewartet und zur Ausrüstung für die Einheiten bereitgestellt. Einsatztorpedos und „Übungsgeräte" für die U-Boote./Training and live torpedoes in the ammunition store.

Marineaufgaben bearbeitet, die sich aus der Planung, Entwicklung und Nutzung von datenverarbeitungsgestützten Führungsinformationssystemen (an Land) und Waffeneinsatzsystemen (an Bord) im operativen und taktischen Bereich der Marine ergeben.

● **Kommando für Truppenversuche der Marine:**
Im KdoTrVsuM werden Planung und Durchführung von Truppenversuchen mit Waffensystemen, Anlagen und Geräten und deren Beurteilung auf Truppenverwendbarkeit bis hin zur Auswertung von Waffenübungen in der Nutzungsphase durchgeführt. Hierzu gehören Waffenübungen mit Flugkörpern, Artillerie, Torpedos und Minen sowie das Schießen der Marineflieger im Rahmen der Einsatzausbildung der Flotte mit und ohne scharfen Schuß.

● **Marineabschnittskommando West**
Zuständigkeit für den Bereich Niedersachsen, Bremen und Hamburg, den Stützpunkt Wilhelmshaven, die Materialdepots Wilhelmshaven und Weener, die Munitionsdepots Aurich, Zetel und Oxstedt sowie für eine Transportkomponente.

● **Marineabschittskommando Nord**
Zuständigkeit für den Bereich Schleswig-Holstein, die Stützpunkte Kiel, Olpenitz und Eckernförde, das Materialdepot Bargum, die Munitionsdepots Laboe und Enge-Sande sowie für eine Transportkomponente.

● **Marineabschnittskommando Ost**
Zuständigkeit für den Bereich Mecklenburg-Vorpommern, den Stützpunkt Warnemünde, das Materialdepot Warnemünde sowie für eine Transportkomponente.

Der Stützpunkt mit Pieranlagen, Versorgungseinrichtungen und Unterstützungseinheiten, wie Schleppern, Batterieladeprähmen oder aufklappbare Öl-Auffangschiffe, stehen den ein- und auslaufenden sowie den einheimischen Einheiten zu jeder Zeit zur Verfügung: „Service" ist hier das oberste Gebot.

The naval base supports the fleet with supply units such as tugs, divers' tenders and hinged oil-spill vessels.

Für einen Manövereinsatz wurde diese Übungsgrundmine durch den zivil angestellten Waffentechniker vorbereitet./ A civilian employee prepares a training mine.

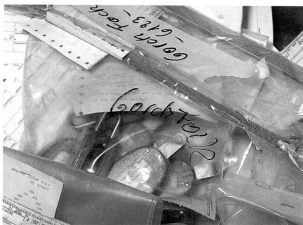

Die Stützpunktversorgungsebene (oben), mit mehr als 25.000
Positionen, „beliefert" die Schiffe und Boote mit allen Verbrauchsgütern für den täglichen Betrieb.
The supply store counts over 25.000 items necessary to keep the fleet
in smooth operative condition (top).

Holzblöcke für die GORCH FOCK, ein seltsam anmutendes Detail in der
High-Tech-Welt (Mitte).
Wooden sheaves for the GORCH FOCK – a curious detail in a high tech
world (centre).

Ein Übungstorpedo auf dem Prüfstand... der letzte Check. Nür
leistungsfähigste Rechner können die komplizierten Steuervorgänge
des Torpedeos überprüfen (links).
Sophisticated computer hard and software check a training torpedo's
complex steering systems (left).

RESERVISTEN

AUFTRAG

Die Reservistenarbeit ist ein Auftrag des Parlaments und der Bundesregierung, für deren angemessene Durchführung der Verband der Reservisten der Deutschen Bundeswehr Zuwendungen aus dem Etat des Verteidigungshaltes erhält. Der Verband der Reservisten der Deutschen Bundeswehr spricht für alle Reservisten, vom Gefreiten bis zum Admiral.

Er betreibt verteidigungspolitische Arbeit, militärische Förderung und vermittelt Kontakte zur aktiven Truppe, damit Reservisten sich auch in Dienstlichen Veranstaltungen und Lehrgängen militärisch in Übung halten können. Der Verband versteht sich als Partner der Bundeswehr und nimmt als Interessenvertreter aller Reservisten an der verteidigungspolitischen Diskussion teil.

MITGLIEDER

Mitglieder sind die Reservisten aller Dienstgrade, wobei das zahlenmäßige Verhältnis der Dienstgradgruppen zueinander etwa dem der Bundeswehr entspricht. Über die nationalen Kontakte zu Parteien, zum Parlament, der Bundesregierung und der Bundeswehr hinaus, ist er mit seinen Mitgliedern international in die Vereinigung der Alliierten Reserveoffiziere und in die Vereinigung der Europäischen Reserveunteroffiziere eingebunden. An mehr als 30 deutschen Hochschulen haben sich Studenten, die Reservisten der Bundeswehr sind, zu sicherheitspolitischen Arbeitsgemeinschaften zusammengeschlossen, um die Kontakte zur Bundeswehr zu pflegen.

Die Reservisten der Bundeswehr sind eine gut motivierte Truppe, mit einer durch ständiges Üben abgerundeten Ausbildung, die bei Erfordernis schnell verfügbar sind und zur Unterstützung der aktiven Einheiten jederzeit eingesetzt werden können.

Die Reservisten der Marine stehen jederzeit zur Unterstützung der Truppe zur Verfügung. Sie haben ihren festen Platz in der Tradition der Marine.
Die traditionelle Salut-Batterie ist Höhepunkt des jährlichen Feldempfangs anläßlich des Vergleichsschießens während der Kieler Woche.
Begrüßung durch den Vorsitzenden des Verbandes der Reservisten (oben).

Navy reservists are available to support units at all times, and are a part of naval tradition.
The salutation battery is a highlight during the annual field reception held on occasion of the Kiel Week.
Welcome speech from the chairman of the Association of Reservists (above).

SCHLUSSBETRACHTUNG

„Die Deutsche Marine ist an der Schwelle zum Jahr 2000 auf dem Weg, ein neues, erweitertes Verständnis von Sicherheit und Sicherheitsvorsorge zu gewinnen und zu akzeptieren. Stärker als noch in den achtziger Jahren sind unsere Streitkräfte heute ein Mittel deutscher Außen- und Sicherheitspolitik."* So umriß der Inspekteur der Marine im Januar 1999 in einer Veröffentlichung den Kurs der Deutschen Marine.

Tatsächlich hat die Deutsche Marine, seit ihrer Entstehung nach dem Zweiten Weltkrieg, ihren Kurs entschieden geändert, ohne jedoch das Ziel aus dem Auge zu verlieren. Fest eingebunden in das Nordatlantische Bündnis galt es bis 1989, mit der Deutschen Marine die Ostsee und die Ostseeausgänge zu schützen und die für die Versorgung und den Nachschub erforderlichen Seeverbindungen in der Nordsee zu sichern. Ein Auftrag, der es zuließ, die erforderlichen Seekriegsmittel und ihre Fähigkeiten an einem potentiellen Gegner und an einer wahrscheinlichen Lage zu orientieren. Durch die Wiedervereinigung Deutschlands und die internationale Ost-West-Entspannung änderte sich der Auftrag.

Neben der nach wie vor bestehenden Aufgabe, zusammen mit den Partnern des Atlantischen Bündnisses Küsten, Hoheitsgewässer und die für den Handel notwendigen Seeverbindungen zu schützen, sieht der heute erweiterte Auftrag auch Aufgaben in der Krisenbewältigung und Konfliktverhinderung vor. Die Marine als flexibles Mittel der politischen Führung muß in der Lage sein, überall dort eingesetzt zu werden, wo die Sicherheitsinteressen Deutschlands berührt sind; das bedeutet eine Erweiterung des politischen Handlungsspielraums in Krisengebieten durch schnelle Reaktionen mit Marineeinheiten zur Präsenz oder zur Überwachung oder Durchsetzung von erforderlichen Maßnahmen. Das ist ein weites Einsatzspektrum für eine ausgewogene Flotte, die zur Überwasser- und Unterwasserseekriegführung sowie zur Seekriegführung aus der Luft bei gleichzeitiger Abwehr einer Luftbedrohung befähigt sein muß. Diesen Aufgaben muß sie gleichermaßen auf hoher See, mit einer dafür erforderlichen logistischen Unterstützung, wie auch in Küstengewässern, mit angemessenen Fähigkeiten zur Minenabwehr, gerecht werden. Dies erfordert unterschiedliche Einheiten, die für bestimmte Aufgaben oder Seegebiete optimiert sind, die jedoch im Verbund zu einer geschlossenen Aufgabenerfüllung beitragen können.

Die Deutsche Marine ist in der gegenwärtigen Struktur, die alle Komponenten für eine verbundene Seekriegführung enthält, in der Lage, ihren Auftrag zu erfüllen. Sie kann die Landesverteidigung in den Deutschland umgebenden Seegebieten gewährleisten, stellt der politischen Führung einsatzbereite Seestreitkräfte zur Verfügung und leistet einen Beitrag in der Völkergemeinschaft zur Sicherung des Friedens.

* Vizeadmiral Hans Lüssow »1848 - ein Signal für die Marine von heute und morgen«. Marineforum 1/2-'99

SEA KING nach seinem Einsatz im Persischen Golf in Zusammenarbeit mit einer Fregatte Klasse 123 / SEA KING and Class 123 frigate.

DANKSAGUNG / ACKNOWLEDGEMENTS

Ein sachgerechtes Buch über die gegenwärtige Deutsche Marine zu erstellen, war uns nur möglich durch die umfassende Unterstützung, die wir in allen Bereichen der Marine erfahren haben. Über die gegenwärtige Struktur der Marine, ihre Aufgaben und Zukunftsplanungen, zusammen mit aktuellen Bildern aus dem Leben und dem Betrieb der Marine konnten wir berichten, weil uns Zugang zu fast allen Bereichen der Marine gestattet wurde.

Unser herzlicher Dank gilt deshalb dem Inspekteur der Marine, Vizeadmiral Hans Lüssow und dem ehemaligen Inspekteur der Marine, Vizeadmiral a.D. Hans-Rudolf Boehmer. Ohne ihre wohlwollende Begleitung des Projektes hätte dieses Buch in seiner breiten, facettenreichen Form nicht entstehen können.

Gleichermaßen gilt unser Dank dem Befehlshaber der Flotte, Vizeadmiral Horten, den Typkommandeuren, Geschwaderkommandeuren, Kommodores, Schiffs- und Bootskommandanten, Schulkommandeuren, Regiments- und Batallionskommandeuren und Kompaniechefs, die uns Zugang zu Ihren Einheiten gewährten und uns durch sachkompetente Offiziere begleiten ließen.

Dennoch bleibt ein Buch immer lückenhaft. Nicht jede Situation kann im Bild festgehalten werden, nicht jedes System kommt in seiner Komplexität zur Geltung und nicht jeder Soldat in der Marine wurde fotografiert.

Vielmehr sollen die gezeigten Bilder exemplarisch für die Marine stehen, in denen sich jeder erkennen sollte, der zur Deutschen Marine steht.

Hannes Ewerth, Peter Neumann

Persönlich sagen wir Dank an:

Führungsstab der Marine
FK Hoffmann
FK Zimmermann

Flottenkommando
FK Neurath

Presse- und Informationszentrum Flotte
FK Hinze

Amtschef Marineamt
Konteradmiral Ropers

Kommandeur Marineschule Mürwik
Flottillenadmiral Kahre
FK Emmerling

Kommandant SSS GORCH FOCK
KzS Schamong

Admiralarzt der Marine
AdmA Dr. Willers

Kommandeur Marineflieger Flottille
Flottillenadmiral Ulrich Otto

Kommodore MFG 2
FK Mollenhauer
OLzS Schnoor

Marinefliegergeschwader 3 OL „GRAF ZEPPELIN"
FK Weiss
KL Westerschulte

Kommandeur der Zerstörerflottille
Flottillenadmiral Diehl
KzS Oven
FK Fritz
FK Kähler
FK Klüver
FK Plettau
Kdt Fregatte Rheinland-Pfalz

Kommandeur der U-Boot-Flottille
KzS Eberbach
KzS Borchert

Kommandeur 3. U-Boot-Geschwader
FK Bartolomyczik

U 29
OLzS Klaas

Kommandeur Flottille der Minenstreitkräfte
KzS Stricker

Chef der Waffentaucherkompanie
KK Schauder

Chef Minentaucherkompanie
KK Hermann

Die Kampfschwimmerkompanie

Kommandeur Marinesicherungsregiment
KzS Schweichler
FK Reimann
OLzS Zilinski

Kommandeur Technische Marineschule
KzS Dr. Kolletschke

Kommandeur Schiffssicherungslehrgruppe
FK Sommer

Fachleiter Brandabwehrdienst
KK Körner

Kommandeur Marine Operationsschule
KzS Lang

Chef der Marinesanitätsstaffel Kiel
FltlA Dr. Scharmerowski
FltlA Frau Dr. Lobenberg

Kommandeur Marineversorgungsschule
KzS Roland Koser

Kommandeur Marineunteroffiziersschule
KzS Oldewurtel

Kommandeur Schnellbootflottille
KzS Kronisch

Kommandeur 7. S-Geschwader
FK Brinkmann

Kommandant S-Boot ZOBEL
KL Bötcher

Leiter Marinearsenal
LtDir Carstensen

StvLtr. Marinearsenal Kiel
LtDir Hörder

Marineversorgungsschule, List/Sylt
KL Gerlach

Minenjagdboot ROTTWEIL
KL Wartner

Kommandeur Stützpunkt Olpenitz
FK Müller-Otte

Kommandeur Marinewaffenschule
KzS Boonstoppel

**Kommandeur Marineabschnitts-
kommando Nord**
KzS Schütte

Leiter Marinemunitionsdepot 1
FK Eberling

Hafenkäpitän Stützpunkt Kiel
KK Stapelfeld

Stützpunktversorgungsebene Kiel
KL Thielen

*Weitere wertvolle Unterstützung
haben wir erfahren durch:*

Dr. Bernd Anders, DGzRS

Dr. Ute Ariens, HDW

Thomas Bantle

Sabine Beyersdorf, HDW

Michael Behr

Axel Dinter

Robert Iohannes

Kapt. Uwe Klein, DGzRS

Michelle Loke

Andreas Lubkowitz, DGzRS

Herbert von Nitzsch, Blohm+Voss

Catrin Ochsen-Leslie

Hanspeter Petersen

KK Pepe Prahl

Susann Radtke

Dirk Rathjens, HDW

Dr. Jürgen Rohweder, HDW

Thomas Ruckert, Blohm+Voss

FK a. D. Heinz Saß

Wolf O. Storck

Peter Tamm

Andrea Wessel, Blohm+Voss

ZUSAMMENARBEIT DER MARINE UND DER INDUSTRIE

Die deutsche Marine kann sich auf eine moderne Werft- und Zulieferindustrie stützen, deren Fähigkeiten internationalen Ruf genießen. Durch die Veränderungen im politischen Umfeld während der letzten Jahre, war die wehrtechnische Industrie in Deutschland gezwungen, ihre Kapazitäten erheblich zu reduzieren. In Einzelbereichen drohte sogar Kompetenzverlust. Der Marineschiffbau gehört allerdings zu den Technologiebereichen, für die das Verteidigungsministerium die Erhaltung einer Mindestkapazität für erforderlich hält. Hierfür werden, bei einem regelmäßigen Abgleich der Kapazitäten, die Werften wie die Zuliefererindustrie gleichermaßen berücksichtigt.

Bei Gegenüberstellung vorhandener Kapazitäten mit den Planungen der deutschen Marine wird deutlich, daß der Erhalt des deutschen Marineschiffbaus ohne Exporte nicht gesichert werden kann. Im Auswärtigen Amt, im Wirtschaftsministerium und im Verteidigungsministerium ist deshalb das Verständnis für die Bitten der Werften um Unterstützung ihrer Exportbemühungen gewachsen. Viel Verständnis für die Notwendigkeit, auch Exportaufträge zu gewährleisten, um den Erhalt von Fachwissen in Forschung, Entwicklung und Fertigung von Marinetechnologie zu

sichern, hat die Wehrtechnische Industrie gefunden und zunehmend Entgegenkommen der Ministerien erfahren. Dieses ist um so bedeutender, als es in Deutschland keine marineeigenen Werften gibt, wie sie in vielen anderen Ländern noch vorhanden sind. So werden deutsche Marineschiffe ausschließlich von zivilen Werften gebaut, die gleichzeitig internationalen Schiffbau vielfältigster Art betreiben.

Die deutsche Zulieferindustrie hat an den Bauprogrammen für die Marine und für den Export einen großen Anteil. Bei Antrieben, elektronischer Ausrüstung, Klimatisierung, Kommunikation und Waffentechnik gibt es seit vielen Jahren traditionell eine bewährte, förderliche Zusammenarbeit zwischen der Werftindustrie, die in der Regel auch die Generalunternehmer sind, und der Zulieferindustrie als Unterauftragnehmer.

Nur in der Anfangsphase der Bundesmarine gab es bedeutende Abhängigkeiten von ausländischen Industrieprodukten. So war insbesondere die Ausrüstung der in Deutschland gebauten U-Boote und Fregatten solange mit den Zulieferfirmen der NATO-Partner eng verbunden, bis die deutsche Industrie aufgrund kontinuierlicher Forschung, Entwicklung und Fertigung ihre internationale Marktposition behaupten konnte

und die fast ausschließliche Ausrüstung der deutschen Neubauten übernahm.

Heute werden Torpedos, Sonare und Feuerleitanlagen ebenso selbstverständlich in Deutschland gefertigt wie automatische Steuerstände, optronische Anlagen, jegliche Art von Antrieben, Navigationsgeräten und Fernmeldeeinrichtungen. Ausnahmen bilden lediglich die Antriebsturbinen der Fregatten sowie die Rohrwaffen- und Raketensysteme. Dennoch will und kann die deutsche Industrie weder auf internationale Zusammenarbeit, noch auf Aufträge für fremde Marinen verzichten.

Bei der erforderlichen sparsamen Haushaltsführung des Bundes und den von der Politik abhängigen Rüstungsaufträgen kann es nicht ausbleiben, daß die Marineindustrie sich auch weiterhin um Auslandsaufträge bemühen muß, um ihre Kapazitäten zu erhalten, auszulasten und auszubauen. Diese Kombination der Auslastung des Personals und des Einsatzes der Betriebsmittel dient der Deutschen Marine durch den Erhalt und Zugewinn von Know How in allen Bereichen des Kriegsschiffbaues, und es werden die Arbeitskräfte gebunden, die für Sofortaufträge bei Instandsetzungen zum Erhalt der Einsatzbereitschaft dringend gebraucht werden.

Sparsamste Kalkulation bei vollem Risiko für fortschreitende Technologien, permanente Weiterentwicklung und Verbesserung sind nur dann möglich, wenn internationale Zusammenarbeit und Lieferung in das befreundete Ausland auch in der Zukunft gewährleistet bleiben.

Der in den letzten Jahren deutlich gewordene Schulterschluß der deutschen wehrtechnischen Industrie und der Deutschen Marine ist hierfür ein wichtiges, positives Zeichen. Nur so kann in Deutschland die Marineindustrie auch in der Zukunft auf dem internationalen Markt konkurrenzfähig bleiben und im Sinne einer sparsamen Haushaltsführung für die eigene Marine kostengünstig anbieten.

Es darf weder der Industrie noch der deutschen Marine durch zu enge politische oder vertragliche Bindungen der Zugang zu internationalen Erfahrungen aus Forschung, Entwicklung oder Betrieb genommen werden.

Vielmehr müssen beide in gutem Einvernehmen eine Produktpalette anbieten können, die der Industrie den Erhalt dieses Spezialbereiches sichert und der Deutschen Marine einen hohen Stand technischer Zuverlässigkeit gewährleistet.

KLASSE 123 FREGATTE
CLASS 123 FRIGATE

KLASSE 124 FREGATTE
CLASS 124 FRIGATE

BLOHM+VOSS – MARKENZEICHEN FÜR SPITZENTECHNOLOGIE IM MARINESCHIFFBAU

Hermann Blohm und Ernst Voss gründeten am 5. April 1877 als offene Handelsgesellschaft die Schiffswerft Blohm & Voss. „Gebaut bei Blohm+Voss" gilt seitdem weltweit als Gütesiegel für erstklassigen Schiffbau.

Zu allen Zeiten waren es die Marineschiffe, die zu den technischen Spitzenleistungen der Werft gehörten. Hierfür stehen Schiffe, wie das berühmte Schlachtschiff BISMARCK oder die heute weltweit von acht ausländischen Marinen in Dienst gestellten MEKO-Fregatten sowie der derzeit größte Fregattentyp der Klasse 123 der Deutschen Marine dessen Typschiff BRANDENBURG bei Blohm+Voss gebaut wurde. Die Reihe dieser marinetechnisch besonders bedeutsamen Schiffe wird die erste Fregatte der Klasse 124 fortsetzen, die sich derzeit bei Blohm+Voss im Bau befindet. Bei diesem Schiff entwickelt zum ersten Mal die Industrie die operationelle Software für das FüWES und integriert es in das Gesamtwaffensystem.

Die Verbindung zur Bundesmarine geht direkt auf deren Gründung im Jahre 1956 zurück. Der erste Auftrag war der Neubau des Segelschulschiffes GORCH FOCK II. Die Auslieferung der GORCH FOCK II im Jahre 1958 markierte den erfolgreichen Wiedereinstieg der Werft in den Marineschiffbau. Es folgten Aufträge für den Bau von sechs Fregatten der Klasse 120 (Ablieferung: 1961/63), vier Zerstörern der Klasse 101 (Ablieferung: 1964/68) sowie zwei Fregatten der Klasse 122 (Ablieferung: 1982).

BLOHM+VOSS – A TRADE MARK FOR TOP TECHNOLOGY IN NAVAL SHIPBUILDING

Hermann Blohm and Ernst Voss founded the shipyard Blohm & Voss as a general commercial partnership on 05 April, 1877. "Built at Blohm+Voss" is since then world-wide a hallmark of highest quality for first class ship building.

In the naval vessel construction sector, Blohm+Voss has always been a leader in technical development. An example being the battleship BISMARCK. Currently both the MEKO® Frigates and the Class 123 and 124 vessels represent the top. Blohm+Voss built the BRANDENBURG, the Class 123 type ship.

A new challenge for the shipyard is the order to design the Class 124 frigates, and build the SACHSEN, the Class 124 type ship. For the first time, the operational software for the Guiding Weapon Electronic System (FüWES) for the German Navy is developed by the industry and integrated into the total weapon system.

Blohm+Voss' connection to the German Navy dates back directly to its foundation in 1956. The first order was the new construction of the sailing school ship GORCH FOCK II. Her launching in 1958 was the mark of Blohm+Voss' successful return to the naval shipbuilding sector. Orders for the construction of six frigates of the 120 Class (delivery in 1961/63), for destroyers of the 101 Class (delivery in 1964/1968) as well as two frigates of the 122 Class (delivery in 1982) followed thereafter.

Blohm+Voss GmbH
Postfach 10 07 20 · D-20005 Hamburg · Germany
Tel.: +49 (40) 31 19 - 0 · Fax: +49 (40) 31 19 - 33 33 · www.blohmvoss.com

www.dasa.com

Nur das Beste für die Streitkräfte!

Innovative Technologien sichern die
Überlegenheit im Einsatz. Sie werden
von den Streitkräften zur Erfüllung
ihres Auftrages benötigt.

Unsere Kompetenz sind höchst
anspruchsvolle Technologien. Als
Partner der Streitkräfte unterstützen wir
diese mit Systemen und Komponenten
einschließlich Logistik und Training auf
den Gebieten:

- ☐ Führung und Kommunikation
- ☐ Bordsysteme
- ☐ Boden- und Schiffssysteme
- ☐ Lenkflugkörper- und
  Luftverteidigungssysteme

Nur das Beste für unsere Kunden!

 DaimlerChrysler Aerospace

Verteidigung und Zivile Systeme

Dornier GmbH
D-88039 Friedrichshafen

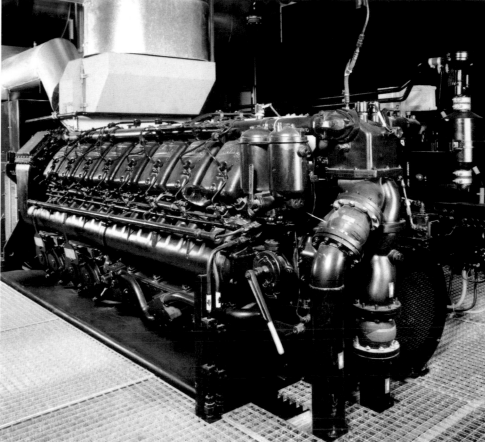

Zu wissen, es ist DEUTZ.

Zuverlässige und wirtschaftliche Stromerzeugung an Bord, sowie die hohe Verfügbarkeit der Hauptantriebe für Boote und Schiffe der Deutschen Marine, sind die Basis für eine langjährige Partnerschaft mit DEUTZ.

Die modernen DEUTZ Dieselmotoren der Baureihen TBD 616 und TBD 620 erfüllen die marinespezifischen Anforderungen an Schock, Akustik, und elektrischer Netzkonstanz. Typerprobte Dieselmotoren dokumentieren das internationale Vertrauen in DEUTZ Produkte. Die Deutsche Marine hat sich bei dem jüngsten Neubau wiederum für DEUTZ Bordaggregate entschieden. Die Einhaltung der IMO-Vorschriften hinsichtlich der Abgasqualität wurde hier schon verwirklicht.

Das DEUTZ Motorenprogramm, bestehend aus bewährten und modernen Dieselmotoren, in einem Leistungsspektrum von 14 bis 7.060 kW, läßt keine Wünsche im Bezug auf Zuverlässigkeit, Wirtschaftlichkeit und Modernität offen.

Knowing, it's DEUTZ.

Reliable and economical power generation aboard and the high level of operating availability of the propulsion units for boats and vessels of the German Navy form the basis of a longstanding partnership with DEUTZ.

The modern DEUTZ diesel TBD 616 and TBD 620 series engines meet the navy-specific requirements for shock, acoustics and mains stability. Type-tested diesel engines in service demonstrate the international confidence in DEUTZ products. The German Navy has once again decided in favour of DEUTZ on-board generating sets for their latest newbuilding. The engines selected fulfill the IMO regulations with regard to exhaust quality.

The DEUTZ engine range, consisting of tried and tested, modern diesel engines, within a power spectrum between 14 and 7,060 kW, satisfies every request for reliability, economy and state-of-the-art technology.

FERROSTAAL – PARTNER DER DEUTSCHEN MARINESCHIFFBAUWERFTEN

Ferrostaal gehört zum MAN Konzern, einem der führenden Hersteller von Investitionsgütern in Europa. Als weltweit tätiger Dienstleister verfügt die Ferrostaal über eine effiziente Auslandsorganisation mit einem weitreichenden industriellen Serviceangebot. Hierzu gehört die Partnerschaft in der German Naval Group mit den im Konsortium zusammengeschlossenen international renommierten deutschen Werften.

Ferrostaal übernimmt für die German Naval Group dabei die folgenden Aufgaben: Marketing und Verkauf von Marineschiffen, Projektmanagement, Aufbau der notwendigen Infrastruktur, Beschaffung von Finanzierungen und Durchführung von Countertrade/Offset – Verpflichtungen.

FERROSTAAL – PARTNER OF THE GERMAN NAVAL SHIPBUILDING YARDS

Ferrostaal belongs to the MAN Group, one of the leading manufacturers of capital goods in Europe. As a service provider with world-wide activities, Ferrostaal has an efficient international organisation with an extensive scope of industrial services. Included herein is the partnership in the German Naval Group consisting of the German naval shipyards of international reputation and acting jointly as a consortium.

Ferrostaal undertakes the following tasks and responsibilities in the German Naval Group: Marketing and sales of naval vessels, project management, provision of necessary infrastructure, arranging financing and executing countertrade/offset commitments.

HDW – EIN ZUKUNFTSORIENTIERTER PARTNER FÜR MARINEN IN ALLER WELT

Die Howaldtswerke-Deutsche Werft AG (HDW) ist eine Universalwerft für anspruchsvolle Handels- und Marineschiffe jeder Art und Größe. Im Marineschiffbau liefert HDW als Generalunternehmer „schlüsselfertige" U-Boote, Fregatten und Korvetten an die Deutsche Marine, NATO-Partner und Marinen befreundeter Staaten. Außerdem hat HDW einen außenluftunabhängigen Brennstoffzellenantrieb entwickelt, der in die U-Boote der Klasse 212 für die Deutsche und die Italienische Marine integriert wird.

Das Vertrauen, das 20 Nationen seit 1960 in den HDW Marineschiffbau gesetzt haben, beweist, daß die Werft ein verläßlicher Partner für zukunftsorientierte Marinetechnologie ist.

HDW – A FUTURE-ORIENTATED PARTNER FOR NAVIES WORLD-WIDE

Howaldtswerke-Deutsche Werft AG (HDW) is an all-round shipyard for sophisticated commercial and naval ships of all types and sizes. Acting as prime contractor in naval shipbuilding, HDW delivers „turnkey" submarines, frigates, and corvettes to the German Navy, NATO partners and the navies of friendly nations.

Furthermore, HDW has developed an air-independent fuel cell propulsion system which will be integrated in the new Class 212 submarines for the German and Italien Navies. The trust which 20 nations have put in the HDW naval shipbuilding division proves that the shipyard is a reliable partner for future-orientated naval technology.

HDW

HOWALDTSWERKE-DEUTSCHE WERFT AG
Werftstr. 112-114 · D-24143 Kiel
Tel:: +49 (431) 700 0 · Fax: +49 (431) 700 2312 · www.hdw.de

151

Lürssen – Partner der Marine

Bekannt für ihre Marineschiffe bis Korvettengröße, blickt die Werft auf eine lange Tradition zurück – sie ist in der vierten Generation in Familienbesitz.

Die Lürssen-Gruppe hat ca. 1000 Beschäftigte und investiert ständig in ihre Produktionsanlagen. Die anspruchsvollen Produkte belegen die System- und Vorhabensfähigkeit der Werft; das Hallentrockendock für Schiffe bis 160 m Länge ermöglicht u.a die Beteiligung am Bau der Fregatte 124 für die Deutsche Marine. Lürssen dokumentiert das gesamte Schiffs-System auf CD ROM und schult die Crews der Schiffe im eigenen Trainingscenter.

Luerssen – Partner of the Navies

The Luerssen shipyard has been in the hands of the Luerssen family since four generations and is well known for its naval vessels reaching the corvette size.

The Luerssen group of companies – with about 1000 employees – is permanently investing into the future. The highly sophisticated products verify the competence of Luerssen's abilities. The huge drydock-shed for building ships up to 160 m allows the involvement in the German Navy's frigate newbuilding program. Furthermore, Luerssen supplies a complete system documentation on CD ROM, and provides intensive crew training in its own training centre.

LÜRSSEN

Fr. Lürssen Werft (GmbH & Co.) · **Friedrich-Klippert-Straße** · **D - 28759 Bremen** · **Germany**
Tel.: +49 (421) 6604-0 · **Fax +49 (421) 6604-443**

GB.N.0 2.7/99

PARTNER DER MARINE

Die Komplexität moderner Waffensysteme erfordert innovative Konzepte und Dienstleistungen. Aufgrund unserer Systemkompetenz liefern wir bedarfsorientierte Lösungen, denen weltweit viele Marinen vertrauen.

Unser Leistungsangebot reicht von der Fertigung bis zur Integration von Anlagen und Systemen für Fregatten, Schnellboote, U-Boote, Unterwasserfahrzeuge und Minenabwehrboote. Dazu zählen integrierte Führungs- und Waffeneinsatzsysteme, Systeme zur Minenabwehr und Minenbekämpfung, Sonare für alle Anwendungen, Torpedos, Verkehrsleitsysteme für die Schiffahrt (VTS), Schulungs- und Ausbildungssimulatoren. Weltweiter Service ist für uns selbstverständlich.

Wir sind Ihr Partner – auch in der Zukunft.

PARTNERS OF THE NAVY

The complexity of advanced weapon systems demands innovative concepts and services. Backed by our system competence, we provide fully customized solutions which enjoy the full confidence of a large number of navies throughout the world.

Our capabilities comprise not only the manufacture but also the integration of equipment and systems for frigates, fast patrol boats, submarines, underwater vehicles and mine countermeasure vessels. This includes integrated command and weapon delivery systems, mine countermeasure and mine warfare systems, sonars for all types of applications, torpedoes, vessel traffic services (VTS) systems, simulators for all types of training and instruction purposes. It goes without saying that our service network is worldwide.

We are your partner – now and in future.

STN ATLAS Elektronik GmbH
Sebaldsbrücker Heerstr. 235
D - 28305 Bremen · Germany · Tel.: +49 (421) 457-0
naval-systems@stn-atlas.de · http://www.stn-atlas.de

STN ATLAS
ELEKTRONIK

THYSSEN NORDSEEWERKE GMBH (TNSW) hat durch konsequente Umstrukturierung den Kurs für die Zukunft abgesteckt. Die Werft hat sich im Bau von Spezialschiffen sowie als Konstruktions- und Bauwerft für U-Boote national und international eine Spitzenstellung erworben. So werden auch heute zwei der modernsten konventionellen UBoote – die Klasse 212 für die Deutsche Marine – in Emden gebaut.

Die Werft ist auch an der Konstruktion und dem Bau von nationalen Fregattenprogrammen beteiligt und wird Bauwerft der dritten Fregatte der Klasse 124 sein.

THYSSEN NORDSEEWERKE GMBH (TNSW) has set a course into the future with a profound company restructuring. TNSW has gained national and international reputation as top player designing and building submarines, as well as builders for special purpose vessels. Two of the Class 212 boats, the most modern conventional submarines worldwide, are under construction in Emden.

TNSW also participates in the design and construction of national frigate programmes and will be the building yard of the third Class 124 frigate.

LITEF
MARINENAVIGATIONSPRODUKTE

Marinenavigationsprodukte sind ein Hauptgeschäftsfeld der LITEF GmbH und umfassen Kreiselkompaßanlagen, Kurs-/Lage-Referenzsysteme, Vertikalreferenzsysteme, Stabilisierungssysteme, Inertiale Navigationssysteme, sowie Navigationsdaten Management-Systeme und Integrierte Navigationspakete.

Alle diese Systeme eignen sich für den Einsatz in allen Typen und Größen von Überwasser- und Unterwasserschiffen einschließllich Torpedos und Drohnen.

Typische Beispiele aus der gegenwärtigen Navigations-Produktfamilie sind:

- LFK95 Faseroptisches Kreiselkompaß- und Lagereferenzsystem
- LSR-85 Kreiselkompaß und Vertikalreferenzsystem
- PL41 Mk4 Mod1 / Mod2 Inertiale Navigationssysteme
- NDMS Navigationsdaten- Management System

LITEF
NAVAL NAVIGATION PRODUCTS

Naval Navigation Products are a main area of LITEF GmbH. They include: Gyro Compasses, Attitude and Heading Reference Systems, Vertical Reference Systems, Inertial Navigation Systems, Stabilisation Systems, Naval Data Management Systems and Integrated Navigation Packages.

All these systems are suitable for use in all types and sizes of surface and sub-surface vessels, including torpedoes and drones.

Specific examples of LITEF's current family of naval navigation products are:

- LFK95 Fiber Optic Gyro Compass and Attitude Reference System
- LSR-85 Gyro Compass and Vertical Reference System
- PL41 Mk4 Mod1/Mod2 Inertial Navigation Systems
- NDMS Naval Data Management System

SIEMENS –
YOUR PARTNER ON BOARD

Die Standkraft einer Marine hängt mehr denn je von der eingesetzten Technik ab. Modernste Technologien von Siemens tragen dazu bei.

Schiffe müssen unter allen Einsatzbedingungen kontrollierbar bleiben. NAUTOS, unser Integrated Platform Management System, wurde unter anderem auch für diese Anforderung entwickelt. NAUTOS zeichnet sich durch hohe Verfügbarkeit sowie einfache Bedienung aus und ermöglicht zudem schnelle und effektive Schadensminimierung.

Für die speziellen Anforderungen im Einsatz auf U-Booten haben wir ein außenluftunabhängiges Antriebskonzept entwickelt: den PERMASYN-Motor und die Brennstoffzellen. Diese Kombination verlängert entscheidend die Unterwasserausdauer und reduziert gleichzeitig die Signaturen.

SIEMENS –
YOUR PARTNER ON BOARD

Today more than ever, a navy's strength depends on its technical systems. Technologies from Siemens – among them the latest – make a vital contribution in this respect. Ships must be controllable under all operating conditions. NAUTOS, our integrated platform management system, has been developed to meet this requirement. Other outstanding features of NAUTOS are high availability and easy operation, as well as fast, effective assistance in case of plant malfunction.

To meet special submarine operating conditions, Siemens developed the PERMASYN motor – and the Fuel Cell Modules – both major parts of the air-independent propulsion system. Each unit works efficiently and generates low signatures. The combination of both significantly lengthens a submarine's underwater mission endurance.

VON DER BOOTSWERFT ZUM MODERNEN UNTERNEHMEN

Gegründet im Jahre 1907, hat sich Abeking & Rasmussen seit seinem Bestehen zu einem modernen Unternehmen entwickelt. Unter dem Dach der A & R Schiffs- und Yachtwerft in Lemwerder werden nicht nur erfolgreich Spezial- und Marineschiffe (insbesondere Minenbekämpfungsboote) sowie große Segel- und Motoryachten für den Weltmarkt gebaut. Von wachsender Bedeutung ist auch das Know-how des Unternehmens in der Verwendung moderner High-Tech-Werkstoffe – z.B. für die Nutzung regenerativer Energien. So ist A & R Deutschlands größter Hersteller von Rotorblättern für Windkraftanlagen.

FROM BOATBUILDERS TO A MODERN COMPANY

Founded in 1907, Abeking & Rasmussen has continuously developed into a modern, diversified company. Starting as a wooden boat builder, the still family-owned company soon entered other segments of the maritime market, such as design and construction of navy ships (especially minesweepers), special craft, and motor and sailing yachts. A&R is known as a specialist for advanced naval architecture (e.g. SWATH-type ships) and High-Tech materials, including stainless steel, and is also the largest German maker of wind turbine rotorblades.

ABEKING & RASMUSSEN

Abeking & Rasmussen Schiffs- und Yachtwerft (GmbH & Co.)
D - 27809 Lemwerder · Germany
Tel.: +49 (421) 67 33-0 · Fax: +49 (421) 67 33-112

MARINEPUMPEN NACH MASS

ABEL GmbH & Co.KG ist der führende deutsche Hersteller von Kolben-und Kreiselpumpen für die Marine. Anwendungen erfolgen als Bilge-, Trimm- und Ballastpumpen oder zur Stevenrohr- und Batteriekühlung etc..

Ihre Zuverlässigkeit beweisen sie z. B. in U 209, der Ulla-, Walrus- und in der Dolphin-Klasse. Natürlich sind ABEL-Marinepumpen schockgeprüft, antimagnetisch (wie z.B. für U 212) und in allen Situationen besonders leise. Und nicht zuletzt: Sie benötigen weniger wertvollen Platz.

MARINE PUMPS TAILORED TO YOUR DEMAND

ABEL GmbH & Co.KG is the leading German manufacturer of piston and centrifugal pumps for marine applications. For example, these include bilge, trim, ballast, sterntube and battery coolant pumps.

The pumps prove their reliability on well-known vessels such as U 209, Ulla, Walrus and the Dolphin Class submarines. Furthermore, ABEL Marine Pumps are anti-magnetic (for example for U 212), shockproof and show low air-, structure- and water-borne noise emissions. And, last but not least: Abel pumps are as small as possible.

Always able to handle it.

ABEL GmbH & Co. KG
Abel-Twiete 1 · D - 21514 Büchen · Germany
Tel.: +49 (4155) 818-0 · Fax: +49 (4155) 818-299

AEROMARITIME

1971 wurde die Aeromaritime Systembau GmbH (ASYM) als „Hardware-Hersteller-Unabhängiges" Systemhaus gegründet. ASYM ist spezialisiert auf die Planung, Entwicklung, Herstellung und Installation von festen oder mobilen Fernmeldeanlagen. ASYM-Kunden haben den Vorteil, sich in komplexen Projekten auf einen einzigen Lieferanten stützen zu können. Aktivitäten werden von einem Projekt-Manager geleiteten Team übernommen, um sicherzustellen, daß der Kunde in allen Situationen nur einem einzigen Ansprechpartner gegenübersteht. Alle Produkte entsprechen den ISO 9001 Normen.

AEROMARITIME

Aeromaritime Systembau GmbH (ASYM), founded in 1971 as a hardware-independent system-house, specializes in the planning, development, manufacture, integration and support of fixed and mobile communication stations. Aeromaritime's customers have the advantage of having only one supplier for comprehensive packages and a flexible after-sales service and product support capability. Activities are delegated to single teams, supervised by a senior engineer, who acts as the customer's point of contact. Aeromaritime products meet the stringent ISO 9001 standards.

AEROMARITIME Systembau GmbH
Hanauer Straße 105 · D - 80993 Munich · Germany
Tel.: +49 (89) 149 050 · Fax: +49 (89) 140 11 10

CABLES FOR NAVAL APPLICATION

As a leading manufacturer of special cables, Alcatel Cable can draw on more than 20 years of experience in the development, production and application of Navy Cables.

About 10.000 km Rheyhalon® Navy Cables have been supplied to equip national and international naval projects.

Rheyhalon® Navy Cables encompass the whole range of power and telecommunication cables, conforming to standards VG 95218 parts 60-66. In addition, the Rheyhalon® radio frequency cables Rheyhalon®® HXRG are according to and adapted to MIL C 17 / VG 95218 parts 60-66.

The main characteristics of the Rheyhalon® Navy Cables:
- all materials are halogen free
- low corrosivity of combustion gases
- low smoke density
- low toxicity
- flame and fire retardance (cable bundle test)
- high level of oil and fuel resistance
- cross linked materials e.g. special-EPR
- same cross linked sheath on all cables
- smooth and circular sheaths not to degrade cable glanding

QUALITÄT UND KNOW-HOW

Das Unternehmen Fritz Barthel Armaturen ist langjähriger Lieferant der Deutschen Marine. Alle Fregatten von der ältesten Klasse 122 bis hin zu der neuesten Klasse 124 sind und werden mit Barthel Armaturen ausgerüstet.

Als Hersteller von Marinearmaturen nach VG-Standard sowie auch von Sonderkonstruktionen, vertreibt Barthel Armaturen u.a. die „elektrisch gesteuerten Absperrklappen" weltweit.

Barthel Armaturen ist nach dem strengen Qualitätsstandard der DIN EN ISO 9001 zertifiziert.

QUALITY AND KNOW-HOW

Fritz Barthel Armaturen is a long-standing supplier to the German Navy. The Class 122, Class 123 and Class 124 frigates have all been, and will be equipped with Barthel valves.

Barthel Armaturen manufacures its navy valves according to the VG-Standard, and is supplier for eg. electric driven butterfly valves. Furthermore, Barthel Armaturen is a premier address for customized maritime valve technology.

Barthel Armaturen is certified according to the strict quality standards of the DIN EN ISO 9001.

SYSTEMLÖSUNGEN AUS EINER HAND

Die integrierte Schiffsbrücke, GMDSS-Ausrüstungen, Brandmelde- und Maschinenüberwachungssysteme gehören zur Kernausrüstung in der Navigation, Kommunikation und Automation an Bord moderner Schiffe. Als Partner von mehr als 20 international führender Hersteller entwickeln wir innovative und individuelle Lösungen für höchste Ansprüche hinsichtlich technischer Funktionalität, wirtschaftlicher Notwendigkeit und gesetzlicher Bestimmungen. In Rellingen, Bremen, Duisburg, Kiel und Rostock bieten wir Beratung, Planung, Projektierung, Verkauf und weltweiten Aftersales Service. Wir sind zertifiziert nach DIN EN ISO 9001.

SYSTEM SOLUTIONS FROM ONE SOURCE

Complete integrated navigation, GMDSS and SatCom equipment solutions, as well as engine monitoring and safety systems are essential for modern vessel performance. Over 20 leading international manufacturers supply products for the integration of single equipment components. Our knowledge and experience benefits demanding customers. We offer planning, consulting, project work, sales and worldwide aftersales service from Rellingen, Bremen, Duisburg, Kiel and Rostock, and are certified according to DIN EN ISO 9001.

157

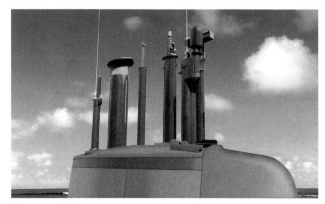

Ausfahrgeräte für U-Boote

1962 gegründet, ist Gabler Maschinenbau GmbH ein kompetenter Partner im U-Bootbau. Die Produktpalette umfaßt Ausfahrgeräte wie Kommunikationsantennen, Schnorchel, Radarmasten oder Optonikmasten sowie andere Komponenten oder Systeme. Weit über 400 Ausfahrgeräte für über 18 Nationen zeugen von der Kompetenz und Kundenakzeptanz. Unsere Entwicklungsabteilung garantiert ständige Innovation bei wachsenden technischen Herausforderungen. Die Flexibilität unserer Produkte eignet sich besonders für Nachrüstungskonzepte. Als Partner von HDW und Thyssen Nordseewerke ist Gabler auch in Zukunft ein Garant von Produkten auf hohem technischen Niveau.

Submarine Hoisting Masts

Founded in 1962 by Professor Ulrich Gabler, the company has developed into a highly competent submarine construction partner with products including radio, radar and optronic masts, snorkels, and other hoisting masts. Currently, 18 navies operate over 400 units. New technical and operational requirements demand innovative solutions – the flexibility of our products makes them ideal for upgrades and refits, and our partnership with HDW and the Thyssen Nordseewerke is a guarantee for high standards.

GABLER Maschinenbau GmbH
Niels-Bohr-Ring 5 a · D - 23568 Lübeck · Germany
Tel.: +49 (451) 3109-0 · Fax: +49 (451) 3109-100
info@gabler-luebeck.de

Full Service für die Marine

Als eine der weltweit führenden Klassifikationsgesellschaften bietet der Germanische Lloyd der Marine einen umfassenden full service sowohl im Neubau als auch für die Fahrende Flotte. Das Fregattenprogramm F 123 für die Deutsche Bundesmarine ist eines der zahlreichen anspruchsvollen Navyprojekte, die unter Mitwirkung von GL-Spezialisten realisiert wurden. Gegründet 1867, ist der Germanische Lloyd heute mit über 400 Niederlassungen in mehr als 120 Ländern vertreten.

Full Service for Naval Forces

As one of the world's leading classification societies, Germanischer Lloyd has a rich stock of international experience in the naval sector. Thanks to our highly qualified specialists, the capability of providing navies around the globe with full service, both for newbuildings and the fleet in service, has proved to be of special advantage.

The frigate programme F 123 for the Federal German Navy belongs to the large number of sophisticated navy projects that have been implemented with the support of Germanischer Lloyd.

Founded in 1867, Germanischer Lloyd today is represented with more than 400 branch offices in over 120 countries.

Germanischer Lloyd

Head Office · Dept. Navy Projects, PM
Vorsetzen 32 · D - 20459 Hamburg · Germany
Tel.: +49 (40) 361 49-0 · Fax: +49 (40) 361 49-200
E-mail: headoffice@germanlloyd.org

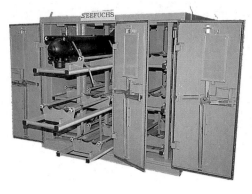

KAEFER-Service für den Marine-Schiffbau

- Schallschutz: einfach- und doppelelastische Lagerungen, Schallkapseln, Schalldämpfer für Abgas, Abluft und Verbrennungsluft
- Thermische Isolierungen: für Kessel, Turbinen, Rohrleitungen, Apparate, Abgasanlagen, Kühlräume
- Innenausbau: Wand-, Decken und Bodensysteme
- Schränke für besondere Zwecke
- Munitions- und Waffenschränke
- Brandschutz

Alle KAEFER-Systeme und -Produkte für den Marine-Schiffbau entsprechen den Bestimmungen der Deutschen Bundesmarine und der NATO.

KAEFER-Service for Naval Construction

- Noise protection: single- and double-elastic mountings, sound capsules, silencers for waste gas, exhaust and combustion air
- Thermal insulation: for boilers, turbines, pipes, apparatuses, exhaust systems, cold stores
- Interior finishing: wall, ceiling and floor systems
- Lockers for special purposes
- Ammunition and weapon lockers
- Fire protection

All KAEFER-systems and products for naval construction meet German Navy and NATO regulations.

 KAEFER ISOLIERTECHNIK

Sparte Schiffbau · Getreidestr. 3
D-28217 Bremen · Germany
Tel.: +49 (421) 6109-0 · Fax: +49 (421) 6109-380
www.naval-technology.com/contractors/warship/kaefer/index.html

GEWICHT/STÜCK 200 KG
WEIGHT/PIECE 200 KG

HOCHLEGIERTE EDELSTAHL-GUSSWERKSTOFFE

Eine technische Herausforderung bedeutet die Herstellung und Verarbeitung von Komponenten für die Marine, der wir uns erfolgreich gestellt haben. Jahrzehntelange Erfahrung mit anspruchsvollen hochlegierten Edelstahl-Gusswerkstoffen aus Form- und Schleuderguss sowie die sichere Beherrschung der Fertigungstechnologie haben das Vertrauen unserer Kunden in unsere Zuverlässigkeit begründet. Die Belieferung unserer Kunden im Bereich der Marine, die wir z.B. mit Getriebeteilen, Schacht- bzw. Ausfahrrohren und mit Schiffspropellern beliefern, sind nur ein Bereich unserer Produktpalette, mit der wir unseren Kunden mit Kompetenz und Erfahrung bei der Lösung ihrer technisch schwierigen Anforderungen behilflich sind.

HIGH ALLOYED STEEL CASTING

The manufacturing of naval components is a challenge we have mastered with our decades of experience in the static and centrifugal casting of high alloyed steel materials, as well as the perfect control of all necessary production technologies.

We supply naval customers with gear parts, shaft- and telescope-pipes as well as propellers, and support the quest to find solutions for demanding technical requirements.

MARINE- UND HANDELSSCHIFFBAU AM NORD-/OSTSEE-KANAL

1952 in Schacht-Audorf angesiedelt, hat sich die Kröger Werft im Marine- und Handelsschiffbau einen Namen gemacht. In ständig modernisierten Fertigungsstätten wurden fast jeder Handelsschiffstyp sowie Forschungsschiffe gebaut. Daneben entstanden im Rahmen von Arbeitsgemeinschaften Schnellboote, Minensucher, Mehrzweckboote, Tender und z. Zt. Einsatzgruppenversorger.

Neben der Neubautätigkeit werden Reparaturen an Booten und Schiffen in Reparaturhallen, der Hebeliftanlage bzw. im Schwimmdock durchgeführt.

NAVAL AND MERCHANT SHIPBUILDING ON THE KIEL-CANAL IN SCHACHT-AUDORF

Since 1952, the Kröger Werft has built itself a well known reputation for naval- and merchant shipbuilding. In production facilities, which have been continuously modernized, almost every imaginable type of merchant and research vessels have been built, as well as joint venture projects such as fast patrol boats, minesweepers, minehunters, supply vessels, multipurpose ships, and the task group supply vessels under current construction. Krögerwerft furthermore carries out repairs on boats and ships in halls, on our ship lift or in the floating dock.

LEISTRITZ SPEZIAL PUMPEN

Die Leistritz Aktiengesellschaft wurde 1905 gegründet. Das Maschinenbauunternehmen beschäftigt heute ca. 1400 Mitarbeiter in drei Werken. Mehr als 80 Niederlassungen und Vertretungen im In- und Ausland betreuen den weltweiten Kundenkreis. Fünf produkt- und marktorientierte Geschäftsbereiche sind die Basis für den Erfolg des Unternehmens.

- Schraubenspindelpumpen für viskose Flüssigkeiten
- Schaufeln für Strömungsmaschinen
- Hydrauliksysteme für Aufzüge
- Extruder für die Kunststoffverarbeitung
- Werkzeugmaschinen, Werkzeuge, Rohrtechnik/ Blechumformung

Leistritz hat mehr als 70 Jahre Erfahrung in der Herstellung von Schraubenspindelpumpen. Mit Bautypen von 2–5 Spindeln, 1- und 2-flutig und Druckvarianten bis 160 bar, bieten wir das breiteste Programm. Mit Förderkapazitäten von 140 l/h bei 9 mm Spindeldurchmessern bis 1200 m³/h bei Spindeldurchmessern von 280 mm entstehen Lösungen aus den unterschiedlichsten Anforderungsspezifikationen.

Leistritz fertigt nach ISO 9001 und erfüllt Qualitätssicherungsstandards bis zu den Anforderungen der Nukleartechnik.

LINDENAU SCHIFFSWERFT

Am Standort Kiel präsentiert sich die Lindenau GmbH als eine leistungsstarke mittelständische Werft. Das Geschäftsfeld umfaßt: Marine, Neubau, Offshore Technik, Reparatur, Diversifikation, Engineering und Consulting.

Die Lindenau GmbH kann zudem als Partner der deutschen Marine auf eine lange, erfolgreiche Geschäftsbeziehung zurückblicken. Neben Sofortinstandsetzung gehören Reparaturaufträge an sämtlichen Einheiten – ob Ladeprahm oder GORCH FOCK, Hafenschlepper oder Zerstörer – zu den ausgeführten Arbeiten. Eine Tradition, die mit zahlreichen Neubauaufträgen für die Marine begründet wurde und damit als Grundstein für die künftige Zusammenarbeit gilt.

LINDENAU SHIPYARD

Located at the entrance to the Kiel Canal, Lindenau GmbH is a most efficient, medium-sized shipyard running six successful divisions: Navy servicing, Newbuilding, Offshore technology, Repairs, Diversifications as well as Consulting and Engineering. Lindenau is always willing to carry out orders for the navy, wether the work be on barges, the GORCH FOCK, harbour tugs or destroyers – a tradition which is the basis for future cooperation and new ships.

SCHIFFSHYDRAULIK IN HÖCHSTER QUALITÄT

Gerade bei Unterwasserfahrzeugen muß in jeder Hinsicht Verlaß auf die Hydraulik sein. Sie sollte ausfallsicher, langlebig und geräuscharm sein. Die Rexroth Hydraulic Systeme erfüllen den modifizierten Industriestandard, haben erhöhten Korrosionsschutz und erfüllen den BV- und MIL-Standard. Rexroth liefert Komplett-Systeme inklusive Elektronik. Die geräuscharme Funktion von Rexroth Bauteilen – Druckversorgungen, Steuerungen für Ausfahrgeräte, Klappen- und Ventilbetätigungen, Transport- und Verlade-Einrichtungen – sowie der Service sind bekannt und werden weltweit geschätzt.

BEST QUALITY MARINE HYDRAULICS

Hydraulics must be absolutely reliable – especially for underwater craft. They must be fail-safe, have long-lives and emit low-noise levels. They must confirm to the modified industrial, BV and MIL standards, have increased corrosion-resistance, as well as associated electronics.

The low-noise functioning of our components such as pressure generation units, controls for extendable and retractable equipment, flap and valve actuators, transport and loading equipment, as well as our service is widely known and globally appreciated.

Rexroth
Hydraulics

DIE NEPTUN REPARATURWERFT (NRW)…

… ist aus der traditionsreichen Schiffswerft „Neptun" in Rostock hervorgegangen und wurde 1997 in zweiter Privatisierung von der Meyer Werft in Papenburg übernommen. Zum Leistungsprofil gehört die Durchführung von Dockungen, Reparaturen, Umbauten und Modernisierungen an Fähr-, Spezial- und Fischereischiffen sowie vielfältigen Arbeiten für die Deutsche Marine.

Besonders wichtig in 1999: Die Instandsetzung der GORCH FOCK – somit konnte des Segelschulschiff der Deutschen Marine zum dritten Mal in Rostock zur Reparatur begrüßt werden.

NEPTUN REPARATURWERFT (NRW)…

…emerged from the renown „Neptun" shipyard in Rostock, and was taken over by Papenburg's Meyer Shipyard in the course of a second privatisation in 1997.

NRW's services include docking, repairs, reconstruction and modernisation of ferries, special-purpose ships, fishing vessels, as well as work for the German Navy.

NRW is very proud to have won the contract to overhaul the GORCH FOCK in 1999, and was therefore able to greet the German Navy's sail training barque for repairs in Rostock for the third time.

NOSKE-KAESER

Mit über 100 Jahren Erfahrung und Tradition
gehört NOSKE-KAESER zu den erfolgreichsten
Anlagen- und Systembauern in der Schiffstechnik.
Mit unseren Produkten, unserem Know-how und
Service bieten wir Qualität, Dienst und Leistung.
Unser Name steht für Sicherheit und Zuverlässig-
keit.
NOSKE-KAESER produziert neue, innovative und
effektive Lösungen für Wärme, Kälte, Klima und
Luft. Wir haben Qualitätsstandards gesetzt, mit
denen Sie bestens fahren.

NOSKE-KAESER

NOSKE-KAESER, with over 100 years of experience
and tradition, is one of the most successful plant
and system manufacturers in the shipbuilding
industry. As a reliable partner for shipbuilding
suppliers, NOSKE-KAESER produces individual,
innovative and effective solutions in the fields of
air conditioning, ventilation, refrigeration and
heating.

With our engineering know-how, excellent
products and reliable service we have created
standards of qualitiy which set the pace in shipbuilding worldwide. Our name guarantees safety
and reliability with which you can confidently
set sail.

NOSKE-KAESER GmbH
Schnackenburgallee 47 - 51
D-22525 Hamburg · Germany
Tel.: +49 (40) 8544-0 · Fax: +49 (40) 8544-2639

PEENE-WERFT GMBH, WOLGAST

Seit ihrer Gründung im Jahr 1948 hat sich die
Peene-Werft einen ausgezeichneten Ruf im Marine-,
Spezial- und Frachtschiffbau erworben und baute
mehr als 530 Schiffe, davon 257 Marinefahrzeuge.
Mit der Übernahme 1992 durch die Bremer
Hegemann-Gruppe entstand eine hochmoderne
Kompaktwerft mit Marine-Center.

Die Reparatur- und Umbauabteilung führte
52 Großumbauten an Marineschiffen durch, davon
20 während der letzten fünf Jahre, und ist heute
hauptsächlich für die Deutsche Marine tätig.

PEENE-WERFT GMBH, WOLGAST

Since it was established in 1948, the Peene-Werft
has acquired an excellent reputation in the field of
navy-, special duty- and commercial ships. More
than 530 ships, of which 257 are navy vessels, have
been built. Since 1992, the Peene Werft has been a
member of the Bremer Hegemann-Group, and was
converted into a modern compact yard with a navy-
center. Today, the repair and conversion department is mainly active for the German Navy and has
carried out 52 major naval vessels conversions, of
which 20 were during the last five years.

Peene-Werft GmbH
Schiffbauerdamm 1
D - 17438 Wolgast · Germany
Tel.: +49 (3836) 250-0 · Fax: +49 (3836) 250-153

RAM-SYSTEM GMBH (RAMSYS) in München wurde
1985 als Generalunternehmer für den deutschen
Industrieanteil des Rolling Airframe Missile Programms (RAM) gegründet, und ist auch verantwortlich für den deutschen Industrieanteil am ESSM-
Programm (Evolved Sea Sparrow Missile). RAM ist
ein autonomes Lenkflugkörper-Flugabwehrsystem für
Schiffe für den Nah- und Nächstbereich, das nach
dem Prinzip „fire and forget" mittels eines passiven
Radar- und Infrarotsuchkopfes arbeitet (Dual Mode).
Es wurde für die Abwehr von Seezielflugkörpern entwickelt. Aufgrund der hohen Feuerkraft (21 Flugkörper im Starter) und der kurzen Systemreaktions-
zeit verfügt RAM über eine ausgezeichnete Mehrfach-
zielbekämpfungsfähigkeit.

RAM-SYSTEM GMBH of Munich was founded to
manage the German part of the Rolling Airframe
Missile (RAM) program, and is also responsible for
the German part in the Evolved Sea Sparrow Missile
(ESSM) program. RAM is an autonomous fire-and-
forget inner layer air self-defence missile system particularly designed for defence against anti-ship missiles.
It utilizes a fast reaction, high firepower 21-round
launcher and a passive Radio Frequency/Infrared
Dual Mode missile guidance, which provide the ability
to engage multiple threats and high density raids
along the same or different bearings.

RAM SYS

RAM-System GmbH
Daimlerstraße 11
D - 85521 Ottobrunn · Germany
Tel.: +49 (89) 608 003-21 · Fax: +49 (89) 608 003-16

161

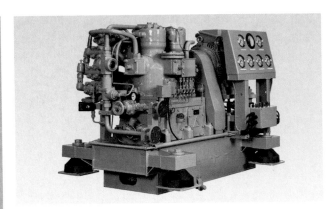

J.P. Sauer & Sohn – Partner der Marinen

Der erste Sauer Marineverdichter wurde 1956 an die Deutsche Bundesmarine ausgeliefert. Heute verlassen sich weltweit über 50 Marinen auf ihren Kampf- und Versorgungseinheiten über und unter Wasser auf die Kompressorentechnik des Kieler Traditions-Unternehmens. Ständige Weiterentwicklung der Kompressorentechnik, wie der Hochdruckkompressor WP5000 mit 100% freiem Massenausgleich und längsten Wartungsintervallen sowie Produktergänzung aus den Tochterunternehmen wie die Schraubenverdichter der ALUP GmbH sichern dabei den notwendigen technologischen Vorsprung für die Zukunft.

J.P. Sauer & Sohn – Partner of the Navies

The first Sauer Navy Compressor was delivered in 1956 to the Federal German Navy. Today, more than 50 Navies worldwide rely onboard their combat and support ships above and below the water on the compressor technology of the well established company located in Kiel, Germany. Constant development in compressor technology – such as the High Pressure Compressor WP5000 with 100% free inertial forces and enhanced maintenance intervals as well as new products from subsidiaries as the screw compressors from the ALUP GmbH ensure the technical leadership for the future.

J.P. SAUER & SOHN
MASCHINENBAU GMBH

J.P. Sauer & Sohn Maschinenbau GmbH
Brauner Berg 15 · D - 24159 Kiel-Friedrichsort
Tel.: +49 (431) 3940-0 · Fax: +49 (431) 3940-24
e-mail: info@sauersohn.de · www.sauersohn.de

Felix Schuh Dämmtechnik von A - Z

Abgasrohre – Blechverkleidung – Ceramo-Spray – Dampfbremsen – Entdröhnung – Feuerschutz – Gastanks – Hohlraumbedämpfung – Innenausbau – Kühlräume Lärmschutzmaßnahmen – Meß- und Prüfberichte – Normen, vorschriftengerecht – Ort- und Plattenschaumarbeiten – Paneeldeckeneinbauten verschiedener Module – Quickservice-Leistungen – Rauchstop, Rohrisolierung, Dampf- und Kondensat – Stahlboden: A 60 – elastische Trittschalldämpfung – Tanks und Bunker – Umbauten – VA-Verkleidung

Felix Schuh Insulation from A - Z

Ceiling panels – Ceramo-Spray – classification approvals – cold storage areas – conversions and refits – draught stop – elastic fire protection – exhaust lines – floating steel floors A60 – floor sound proofing – gas tanks – foam insulation – hollow space insulation – immediate and fast service – interior outfitting – noise reduction – pipe insulation – sheet metal coverings – stainless steel coverings – tanks and bunker containers – test reports – vapour-barriers.

Schuh+Co

Felix Schuh & Co GmbH
Postfach 74 07 04
D-22097 Hamburg · Germany
Tel. +49 (40) 7 33 43-0
Fax +49 (40) 7 33 43-149

Vulkan-Rato-Kupplungen

Geräuschdämmung: Vulkan-Rato-Kupplungen wurden im belasteten als auch unbelasteten Zustand getestet und überprüft. Mit einem Durchschnitt von ca. 30 dB erreichen die Kupplungen Geräuschedämmungseigenschaften, die mit elastischen Motoraufstellungen vergleichbar sind.

Dynamischer Test: Vulkan-Rato-Kupplungen werden auf eigenen Prüfständen getestet. Messungen unter Rotation ergeben realistische Kupplungsdaten für die Auslegung Ihres Antriebssystems.

Monitoring: Die Kupplungen können überwacht werden. Signale von der Kupplungsan- und -abtriebsseite werden dazu verwendet, das Verhalten des dynamischen Antriebssystems zu analysieren.

Vulkan-Rato -Couplings

Noise: Vulkan-Rato couplings have been tested for noise-attenuation properties in loaded and unloaded conditions. With an average figure 30 dB, they have a similar capacity to an AV-mount.

Dynamic testing: Vulkan-Rato couplings are thoroughly tested on in-house dynamic test beds; measurements give background data for propulsion systems. Monitoring: Our couplings can be monitored with a new monitoring device. Coupling input and output signals are being used to analyse dynamic propulsion system behaviour.

VULKAN

VULKAN Kupplungs- und Getriebebau
B. Hackforth GmbH & Co. KG · Heerstr. 66 · D- 44653 Herne
Tel.: +49 (2325) 922-0 · Fax: +49 (2325) 711-10
E-mail: info@vulkan-vkg.de · www.vulkan-vkg.de

ENGLISH SUMMARY

Foreword, Page 7

Since time immemorial the sea has been a medium for peaceful trade, a transport route, a source of food and raw materials, but also a setting for hostilities. Many interests meet at sea.

As many as 196 of the states and territories on our planet have coastlines, and about 70 percent of the world population lives fewer than 200 nautical miles from the coast and thus in areas affected by maritime interests.

Ocean shipping means mainly foreign trade. Today 95 percent of intercontinental trade is carried by sea. This share is over 35 percent even within Europe. Over 60 percent of Germany's trade is transported by sea, which shows how vital shipping is for a modern, export-oriented industrial country like Germany.

We can appreciate this dependency on the sea only by taking into account state and economic activity in its entirety, encompassing maritime resources, merchant shipping, fisheries, deep-sea mining, the law of the sea, shipbuilding and naval forces in all their interconnections.

These parameters have not basically changed even after the reunification of Germany and the end of the East-West conflict. Today the challenge is to manage the change, particularly in the context of the reorganization of Europe and its periphery, from the point of view of security interests.

With the collapse of the Soviet empire, great opportunities have opened up in for instance the Baltic region of entering into a long-term partnership with all bordering countries. In the Baltic more than in almost any other sea area there is the possibility of

cooperating within the context of NATO's "Partnership for Peace" programme, thus demonstrating NATO's willingness to cooperate peacefully with all navies in the Baltic. Poland has joined NATO after an almost ten-year process.

The changed political situation after 1990 has placed new requirements on the North Atlantic alliance that have also affected Germany. The result has been a fundamental strategic reorientation of the German armed forces, including the German Navy, involving major adjustments in their capabilities, size and structure.

Today the role played by the German armed forces and particularly the German Navy is of wider geographical scope, more differentiated from the military point of view and, above all, of greater political relevance.

The German Navy no longer focuses on the northern region of Europe. In future it must be deployable everywhere where this could be politically necessary in the interests of German security and as a result of acting on a solidarity basis with the community of nations for the maintenance of peace.

In addition to the Navy's basic role of providing national and alliance defence, reacting to future crises and acting to secure or restore peace are becoming increasingly vital tasks.

This broad range of duties calls for a balanced fleet that is capable of conducting surface and underwater naval operations as well as naval operations from the air. It must be able to operate both on the high seas and in coastal waters to meet various requirements as defined by operation area, threat and mission. These forces represent mobile, rapidly available resources that by their nature can be deployed worldwide in a versatile fashion, providing Germany's political leadership with a wide range of options.

The present book "The German Navy" aims to present today's Navy in pictures, as it carries out training with its personnel on boats, ships and aircraft or on land or deployed on manoeuvres and exercises. It is intended to be a timeless pictorial study, portraying scenes from the life of naval personnel at every time of day or night. It depicts personnel, weapons and systems in action, as they are part of the daily

life of the Navy. The active naval man will be able to recognize himself just as much as the reservist, and the young "civilian" will be able to experience the Navy in pictures before actually performing his service.

The book portrays training and deployment on board and on land, the fascination of technology and the interaction of systems, as well as operations connected with the Navy's role.

"The German Navy" documents today's Navy and those who serve in it as they perform their wide range of activities. All the photos show the Navy as it really is, the "Navy as workplace", with its many different facets in the areas of technology, training and deployment.

October 1999
Peter Neumann, Hannes Ewerth

The German Navy, Pages 11 - 17

The size and equipment of naval forces are determined by security interests and the main tasks resulting from these. Requirements made on the capabilities of naval forces result from various factors, including the geographical and hydrographic characteristics of the area of deployment.

Role and functions

The German Navy's participation in the enforcing of the UN embargo against the rump state of Yugoslavia in the Adriatic was a visible sign of a process set in motion by the political upheavals occurring in Europe at the end of the '80s. Particularly for Germany this involved considerable changes in security policy considerations and the military situation. The consequence has been a fundamental strategic

reorientation of German armed forces and also of the German Navy and, connected with this, major adjustments to their capabilities, size and structure.

At the time of the East-West conflict, the German Navy's main role was providing supplies and Allied reinforcements for central Europe in the North Sea and protecting the accesses to the Baltic. This role focused mainly on national defence within the alliance and was restricted geographically to northern Europe. This role and the integration of the German Navy into the structure of the North Atlantic alliance defined its capabilities, size and structure. In contrast to the relatively static geopolitical and geostrategic situation and role of Germany during the Cold War era, the German Navy's range of tasks today is more broadly defined geographically, more varied from the military point of view and, above all, of greater political relevance. Even more than in the past, German armed forces represent an instrument of national foreign and security policy, and the security and defence policy dimension of their role is increasing. This applies very particularly to the Navy - because naval forces are mobile, rapidly available and deployable in a versatile fashion worldwide, they provide a wide range of options for the political leadership of Germany.

The role of the German Navy is basically threefold. National and alliance defence remains its original task. This function, along with the Navy's firm integration into the North Atlantic alliance, are the defining pillars of its strategic orientation. From this follow primarily the capabilities and thus the structure, equipment and training of German naval and naval air forces. In the context of this role, the Navy, along with the partners of the North Atlantic alliance, remains ready to protect coasts, territorial waters and vital sea-lanes for trade and to be present in these sea areas.

A second role for the German Navy is providing a maritime contribution towards crisis management and prevention of conflict within the alliance, Europe in the process of integration or the international community. The deployment of German minesweepers off Kuwait, the evacuation of personnel from Somalia and the despatch of German destroyers/frigates and long-range reconnaissance aircraft to the Adriatic to implement international resolutions clearly show that missions within the context of multilateral crisis operations will remain the more likely duties of the German Navy.

Here naval forces offer a wide range of options to enable Germany to react politically within maritime alliances. Naval forces can set a clear political signal with their presence in crisis regions – remaining outside territorial waters, yet visible. Moreover, they have to perform a wide range of crisis management roles, ranging from surveillance of sea areas and enforcing embargoes to supporting army or air force contingents. Precisely in supporting contingents from other services, the Navy can make a valuable contribution by safeguarding sea-lanes, creating a secure environment in port areas or even evacuating personnel.

A third and increasingly important function for the German Navy is contributing to the stability and further integration of Europe as well as international security. One of the Navy's main functions is therefore cooperating with new partner navies to create a climate of confidence via teamwork and personal contacts.

Geography

With its expanded role, the German Navy no longer focuses on northern Europe. In future it must be able to be deployed everywhere where this could be politically necessary in the interests of German security. From the point of view of security policy, the geographical focus is Europe and its periphery.

The German Navy focuses on three regions. The German Navy will remain an alliance navy, and its Atlantic orientation will thus remain as link with our alliance partners in America.

The northern region will continue to be of vital significance for Germany's national security. Precisely here – particularly in the Baltic region - major opportunities of entering into long-term partnerships with all bordering states have arisen with the changes in security policy. In the Baltic more than in almost any other sea area there is the possibility of cooperating within the cooperation programme of NATO's "Partnership for Peace" and thus demonstrating NATO's readiness to enter with the new partners via closer cooperation into integration or, in Russia's case, into a genuine partnership. Poland has joined NATO after an almost ten-year process.

The Mediterranean is becoming more

significant from the point of view of security policy also for Germany, particularly as a result of the process of European integration. This is reflected in the increasing presence of German naval and naval air forces in this region.

Capabilities

Considerable changes have taken place in the conditions under which maritime operations are likely to take place and naval and naval air forces are deployed. Precisely in the case of missions in the context of crisis management and conflict prevention, the primary consideration in future is no longer defending against or neutralizing a powerful opponent in a large-scale conflict. The key issue is rather supporting militarily the pursuance of political goals to influence the course of geographically limited crises and conflicts or – even better – end these. Although the centre of crises will be basically on land, in most cases it will be possible to access the crisis region via sea and to exert an impact on events on land from the sea.

With these changed conditions, the focus of maritime operations is shifting from the high seas to peripheral seas and waters near coasts. Capability for conducting naval warfare in the Atlantic – the main concern at the time of the Cold War – will be less important in the future. In view of the possible threat to one's own forces from conventional submarines and small but powerful surface units in the context of crisis operations, capability for conducting underwater and surface naval operations in peripheral seas and sea areas near coasts is increasing in significance. For these missions higher requirements will be made on units as regards effectiveness against missiles and land-based aircraft.

With its traditional capabilities for conducting naval operations in peripheral seas and its decades of experience with naval operations in coastal waters, the German Navy is well prepared to cope with these changed operative parameters. However, it needs to adapt its existing capabilities to carry out missions not from its own, familiar coast, but on an unknown coast.

This wide range of tasks requires a well-balanced fleet that can conduct surface and underwater naval warfare as well as naval operations from the air and is also able to resist air threats. To meet the different requirements as regards operation area, threat and task, the fleet must be able to operate both on the high seas and in coastal waters. Apart from

maintenance of the operational freedom of the floating forces particularly in coastal waters, where appropriate anti-mine capabilities are required, these forces must also have adequate logistical and medical service support for missions in remote sea areas.

Size and structure

The independence of a German naval contribution presupposes capability for conducting naval warfare in groups, ie being able to carry out a task restricted in terms of time and place independently and thus visibly. This requires initially various components optimized for specific assignments and/or sea areas. Only the combination of these components can ensure overall mission success and thus an independent and visible German contribution.

In the medium-term the German fleet will consist of: 15 frigates, 15 corvettes (as replacement for fast patrol boats), 10-12 submarines, 22 anti-mine units, 10-12 reconnaissance aircraft, 1 reinforced Navy fighter bomber squadron with 46 Tornados, 38 helicopters, 10 large support units

The following are subordinate to the inspector of the Navy with the Navy operations staff:

1. The Navy department, which was moved from Wilhelmshaven to Rostock in 1998. The head of the Navy department is responsible for the training of all naval personnel, the personnel management of petty officers and ratings, public relations and the Navy medical service.

2. The Navy support command in Wilhelmshaven. The commander of the Navy Support Command is responsible for supply and logistics support, armament, maintenance management of the fleet and also test and trial projects, as well as further support services for the Navy, such as management systems, transport assignments and operation of Navy bases and depots.

3. The fleet command in Glücksburg. The commander of the fleet is responsible for the operative command and deployment training of naval and naval air forces. He is in charge of the type commands of the destroyer flotilla, the fast patrol boat flotilla, the mine warfare flotilla, the submarine flotilla, the flotilla of the Naval air arm and the communication and electronic warfare flotilla.

Considerable organizational adjustments have been taken or are still being planned to streamline the structure of the Navy and make it more efficient. Thus, the number of Navy bases have been reduced to five and at the same time reorganized into largely purely "type bases". The units of the mine warfare flotilla in Olpenitz, submarine flotilla in Eckernförde, fast patrol boat flotilla in Warnemünde and destroyer flotilla in Wilhelmshaven will be combined by the beginning of the next decade. Kiel will remain the home port as well as port of call for the sailing training ship Gorch Fock, while Eggebek, Nordholz and Kiel-Holtenau will remain as Navy air bases.

In the long term training will focus on five institutions: the Navy operations school in Bremerhaven, Navy technical school in Parow/Stralsund, Navy supply school in List/Sylt, Navy petty officer school in Plön and Mürwik naval college (for officer training) in Flensburg. The aim of this streamlining and reorganization is to shift from subject-related to function-oriented training.

Personnel

Planning for the size and structure of the Navy is based on 27,000 active naval staff. This includes 21,000 professionals and servicemen obliged to serve for 2-15 years plus 6,000 national servicemen, just under half of whom have the option of voluntarily extending their period of service to up to 23 months.

Outlook

In the next 5-10 years the fleet of the German Navy will be continuously modernized in accordance with the changed parameters. The procurement of three Class 124 frigates will mean a decisive improvement in air defence capability.

With the procurement initially of four Class 212 submarines, anti-submarine capability will be supplemented by the 3rd dimension "under water", while in the field of conventional submarine construction the use of a system featuring an energy supply independent of external air will involve entry into a new underwater propulsion technology. Two Class 702 task force supply vessels will be progressively put into service, taking account of the necessity for long-term and broad-coverage missions within the context of national and alliance defence as well as crisis reaction. The main role of these units is supporting task groups to increase their endurance. They are also designed to accommodate shipboard helicopters as well as a containerized, mobile Navy deployment life-saving centre providing preclinical medical care on board.

The Navy's minehunting 2000 (MJ 2000) project is intended to adapt its highly specialized anti-mine capability to the changed geographic and technological parameters. This includes the commissioning of two new boats in 1998 and the gradual re-equipment of 10 boats to enhance detection and destruction of mines. From 2000 the Navy will present further defence projects such as MPA/Maritime Patrol Aircraft successor, MH/Navy helicopter 90 and Corvette 130 to parliament for approval.

The Fleet, Page 18-19

The fleet command, one of the Navy's three higher command authorities, is in charge of naval airborne forces and vessels.

The commander of the fleet, with the rank of a vice admiral, is responsible to the inspector of the Navy for the deployment capability and operative command of the 27,000 servicemen and their ships, boats and aircraft under him.

These resources are combined in flotillas with units of identical type, which are in turn organized into squadrons with mainly the same classes of vessel.

The commander of the fleet manages the national forces under him from the Navy headquarters, based in Glücksburg. As NATO sea commander, COMGERFLEET, he also has alliance units in his area of command.

The national area of the fleet comprises all waterborne and airborne forces of the Navy - from the frogmen and clearance divers of the mine warfare flotilla via the frigates of the destroyer flotilla to the Navy fighter bombers and helicopters of the flotilla of the Naval air arm.

All units of the fleet are capable of undertaking crisis reaction missions. They are able to react to conflicts and crises without delay and, acting within the NATO alliance or other international forms of cooperation, successfully contribute to conflict and crisis management.

The units of the fleet are subject to an operating and maintenance cycle enabling about forty percent to be deployed as rapidly available vessels. The Navy can thus assign from the overall resources of the fleet, which is oriented mainly to national defence, almost half of the units for crisis operations for longer periods.

The vessels of the German fleet are, of course, integrated into the North Atlantic alliance via the multinational constant deployment forces. They operate in these forces on the basis of standard regulations and deployment procedures and identical command and telecommunications principles and are thus characterized by a high degree of standardisation and interoperability.

Destroyer flotilla, Pages 20-41
Role

The destroyer flotilla is responsible for providing the Navy fleet command with warships (destroyers, frigates) and supply vessels (tankers, supply ships) that are capable of deployment. Deployment management via the destroyer flotilla involves preparing the individual ships for their assignments and keeping them ready for their missions in a constant cycle of maintenance, training and deployment.

Apart from its main task of ensuring that the ships are capable of deployment, the destroyer flotilla also has to provide, constantly maintain and supplement personnel and material resources. This involves modernizing equipment and material, as well as providing suitable training for crew members.

The ships are served by their flotilla during their entire life cycle. This involves determining training and manoeuvre periods, carefully planning the necessary recruitment, setting the periods in which the ships lie in readiness and issuing orders for national, bilateral or international missions. It is also necessary to plan maintenance work on weapons, equipment and hull and shipyard berth time for overhauls and repairs at regular intervals.

The flotilla staff also works on tactical-operative procedures and principles. Along with the fleet command, it is responsible for the deployment principles of all units of the destroyer flotilla.

In past decades the destroyer flotilla could concentrate mainly on the role of national and alliance defence, focusing on the protection of coasts, sea areas off coasts and sea-lanes important for trade. In accordance with the Navy's changed structure and role, the destroyer flotilla now has new tasks: contributing to crisis management and conflict prevention under the leadership of NATO or the West European Union, with a mandate of the United Nations.

The destroyer flotilla must thus be prepared to provide a specific contingent of units capable of deployment at short notice for surveillance of sea areas, enforcing embargo measures or supporting contingents of other armed services in any sea area allocated.

The destroyer flotilla is headed by the commander with the rank of a flotilla admiral and his staff in Wilhelmshaven. They are responsible for:

1st Destroyer squadron in Kiel
Two Lütjens Class 103B destroyers

2nd Frigate squadron in Wilhelmshaven
Four Bremen Class 122 frigates

4th Frigate squadron
Four Bremen Class 122 frigates in Wilhelmshaven

6th Frigate squadron
Four Brandenburg Class 123 frigates in Wilhelmshaven

Supply vessels
Two Lüneburg Class 701 supply ships
Two Rhön Class 704 tankers
Two Westerwald Class 760 transport vessels
Four Walchensee Class 703 transport vessels
One Helgoland Class 720 salvage tug
Three Wangeroog Class 722 oceangoing tugs

The destroyer flotilla with its destroyers and frigates with all-weather capability and high endurance forms the core of the fleet's high sea components. However, the ships are also capable of operating in peripheral seas. As the core of the integrated task forces, they account for a broad range of operative capabilities in the three role elements – national and alliance defence, crisis reaction and cooperation.

The units of the destroyer flotilla can undertake immediately and at any time the tasks of leading, exerting presence, obtaining information, sea area surveillance, safe-guarding sea areas and sea-lanes, embargo enforcement, supporting other partial forces and carrying out evacuations. Ships assigned to crisis-reaction forces are able to leave port at short notice and form an effective group for carrying out operative assignments.

After two modernizations the Lütjens Class 103B destroyers, based on the American Charles F. Adams class, are still among the Navy's most combat-effective ships. The crew consists of 334 personnel of all ranks. Their command, weapon guidance systems and armament were optimized for performing their main role of air defence for group protection. In this role the destroyers cooperate via data links very closely with group ships and national and international air defence organizations, including NATO's flying early warning systems AWACS, as well as the supporting interceptors and fighter bombers.

Over and beyond these tasks, with their equipment and weapon systems the destroyers can also be deployed for combating submarines and sea targets.

The Bremen Class 122 and Brandenburg Class 123 frigates are equipped for their main role of anti-submarine operations. This involves first and foremost the SEA LYNX shipboard helicopter, of which each ship can accommodate two. This increases the vessels' detection range and fighting endurance against submarines and surface units.

Owing to their modern construction and equipment, the frigates need a crew of only approx. 220. Apart from performing anti-submarine tasks, both classes can fight air targets for self-defence and combat sea targets.

All vessels have efficient radar systems for fire control, sea and air space surveillance, as well as navigation, sonar equipment, instantaneous electronic information transmission (LINK-11) and systems for electronic warfare (FL1800) for registering and analysing hostile electronic transmissions. The units also have telecommunications equipment, enabling them to function as command ships in national or international groups.

These vessels are multipurpose warships with all-weather capability and high endurance, making them eminently suitable for operations in the open sea and peripheral seas.

The German destroyers and frigates differ in terms of propulsion plant: the destroyers incorporate four high-pressure superheated steam boilers with a steam turbine plant, whereas the frigates' propulsion system comprises a combination of diesel engines for cruising speed and gas turbines for top speed.

The supply vessels provision forces at sea and in port with fuels, oils, lubricants, fresh water, ammunition, canteen stores, provisions and consumer goods and are specially equipped to meet the requirements of the vessels they supply.

The supply vessels are former merchant ships or units built according to merchant vessel standard that usually have propulsion systems based on diesel engines. Their equipment is adapted to naval requirements as defined by the roles they perform.

Apart from weapons for self-defence on the Class 701 ships with naval crews, the supply vessels have no armament.

Outlook

With the restructuring of the Navy and its duties in the overall strategy of the federal armed forces, the deployment options of the destroyer flotilla have shifted in focus from the high seas to peripheral seas and coastal areas. However, these new operational areas will most probably lie not off the German coastline, but in foreign regions where every possible threat must be expected. Reaction capability, superior capabilities for conducting surface and underwater warfare and versatile management will therefore be of special significance in future.

As part of the reorganization of the German Navy, the warships of the destroyer flotilla will be concentrated on Wilhelmshaven in the next few years. The 1st Destroyer squadron in Kiel will be disbanded with the decommissioning of the last Lütjens Class destroyer at the beginning of the next millennium. The Class 124 frigates that will replace them will be stationed in Wilhelmshaven.

The Class 701 supply vessels are to be replaced by the task force supply vessels, stationed in Wilhelmshaven and Kiel.

Apart from the Naval air arm flotilla, the destroyer flotilla with an overall strength of approx. 4,200 men is the largest type force in the fleet area. With its warships and supply vessels it is a modern and future-oriented component of the fleet.

Mine warfare flotilla, Pages 42-53
Role

In naval operations, mines alter geographical parameters, prevent usage of sea areas and restrict the enemy's operational freedom of movement. They tie down or hinder hostile naval forces and thus play an effective role in naval operations conducted by groups of forces.

Owing to the fleet's new parameters today, the anti-mine role, as opposed to the active transport and laying of mines into minefields, has gained in significance. Yet this is a return to original tasks: mine defence to reduce the endangering and restrictions to freedom of operation of one's own naval forces caused by enemy mines.

However, mine deployment, with the possibility of tying down hostile forces, restricting them in their operational freedom or destroying them, retains its basic significance.

In 1994 the staff of the mine warfare flotilla moved from Wilhelmshaven to Olpenitz and underwent, along with three squadrons, as first type command its reorganization into a "type base".

1st Minesweeper squadron
Twelve Frankenthal Class 332 minehunters
One Elbe Class 404 tender

3rd Minesweeper squadron
Five Frauenlob Class 394 inland waterway minesweepers
Five Barbe Class 520 multipurpose landing boats

5th Minesweeper squadron
Ten Hameln Class 343 minesweepers
One Elbe Class 404 tender

The 6th Minesweeper squadron has remained in Wilhelmshaven and will be decommissioned there by the end of the century.
6th Minesweeper squadron: Six Lindau Class 351 "TROIKA system" boats, four Lindau Class 331 minehunters

The combat diver group with one clearance diver, one frogman and one training company is based in Eckernförde. The mine warfare flotilla had to be reorganized in order to ensure that it remains capable of conducting mine warfare with modern units despite drastic cutbacks.

Hameln Class 343 minesweeper

This minesweeper of 600t with a crew of 40 is a dual-role vessel originally designed mainly for minelaying. It is therefore designed to carry 60 mines on rails and is equipped with modern command-control-communication equipment such as GPS-Navstar, LINK-11 command and information system and adaptive course computer as well as two 40mm anti-aircraft guns with fire control radar. For performing its main role of minesweeping it is equipped with conventional towed sweeping gear as well as a towed skid.
This minesweeper is also characterized by:
● Very low magnetic signature,
● Low acoustic signature,
● High shock resistance,
● High degree of crew comfort.

Frankenthal Class 332 minehunter

The introduction of the weapon system Class 332 minehunter with its twelve units represented a great improvement in anti-mine capability for the minesweeper flotilla. Based on the standard platform concept, this minehunter is very similar externally to the Hameln Class 343 minesweeper but differs from it considerably as weapon system. The Class 332 is a minehunter equipped with all modern systems necessary for minehunting. These are:
● Bow sonar DSQS 11M, with digital signal processor and synthetic sonar picture,
● Mine detection and destruction drone Pinguin,
● Modern navigation and ship management systems,
● One 40mm MEL shipboard automatic gun for self-defence.

Lindau Class 331 minehunter

After conversion of the former coastal minesweepers to minehunters, these units have an efficient minehunting sonar and two remotely controlled minehunting drones PAP 104 with video camera/high-resolution short-range sonar. The crew of 43 includes five clearance divers. For self-defence, the boats are equipped with a 40mm anti-aircraft gun, a decoy thrower and two STINGER stands.
Lindau Class 351 "TROIKA system" boats

The six Class 351 minesweepers (crew of 42) with the Seehund remotely controlled sweeping units represent as TROIKA system a complete anti-mine system with remotely controlled deployment of three unmanned Seehund units that with their high magnetic and acoustic field can clear mines.

The Class 351 TROIKA system boat is also equipped with paravanes for cutting moored mines, a mine avoidance sonar for detecting moored mines and a guidance and surveillance device for the three remotely controlled sweeping units. For self-defence, the boat is equipped with a 40mm anti-aircraft gun, a decoy thrower and two STINGER stands.
The Seehund units are compact minesweepers with a length of 25m and a displacement of 95t fitted with a Schottel rudder propeller providing a top speed of nine knots.

The TROIKA system represents an ideal complement to traditional minesweeping and minehunting methods, providing as it does the following advantages:
● No passage of boats over live mines,
● Clearance of ground mines that cannot be detected with minehunting sonars,
● Deployment even in extreme weather conditions.

Frauenlob Class 394 minesweeper

This inland waterway minesweeper with a crew of 25, originally designed as patrol vessel, has served the fleet for over 30 years. It has a displacement of 246t and is equipped with conventional minesweeping gear. It is fitted with a 40mm anti-aircraft gun for self-defence.

Barbe Class 520 multipurpose landing boat

For over 30 years these boats have been deployed in the fleet for all transport areas - carrying personnel and material – via sea, and are indispensable for supporting tasks in the daily operation of the fleet. The landing boat has a displacement of 430t, speed of 11 knots and two loading ramps and has a crew of 17. The boat is deployed in the context of "waterborne movements" for transporting personnel and material and is also suitable for minelaying assignments.

Combat diver group

This unit was formed in 1991 from the special units frogman company and clearance diver company and subordinated to the training and mission leadership of the mine warfare flotilla.

Both components of this group are, like the training company, highly effective and mobile units whose deployment is not tied to any specific sea area.

The frogman company is equipped for special missions. It is well trained, superbly equipped with weapons and deployable in the fleet as triphibian unit. There has been no change in the role of the clearance diver company. These highly professional divers are the "underwater fire brigade" of the Navy. The groups are fully mobile and can be deployed rapidly and in autarchic fashion to make any type of ammunition quickly and reliably harmless.

The Explosive Ordnance Disposal (EOD) – Improvised Explosive Device (IED) section,

EOD/IED section of the training company is the only unit that even in peacetime is fully equipped in personnel and material terms to remove munitions on land and under water. It can also be deployed in time of crisis and war against demolition systems.

Outlook

From 1989 to 1998 the mine warfare flotilla has been comprehensively modernized with the commissioning of the Frankenthal and Hameln Class vessels and Elbe Class tenders and will continue, where necessary, to modernize equipment. For instance, the Hameln Class boats are being converted into five minehunters and five "TROIKA system" boats from 1999.

Despite its reduction in size with the planned decommissioning of the Lindau Class boats, the mine warfare flotilla will continue to make a reliable contribution to national defence.

Fast patrol boat flotilla, Pages 54 - 61
Role

Apart from guaranteeing presence at sea in peacetime, the fast patrol boat flotilla has acquired new tasks within the context of international crisis operations. These include being able to be moved fast to the relevant deployment area as well as reconnaissance, surveillance and securing of the particular peripheral sea area. The fast patrol boats can be deployed in these sea areas on a visible and long-term basis and must also be able to effect embargo inspections. Today the deployment area of the boats and tenders is between Norwegian waters and the Mediterranean.

For defence, the fast patrol boats, along with the other units of the fleet, protect their own coasts and combat hostile naval forces. They operate in combination with ships, boats or naval air forces in European peripheral seas. These geographic ties to Northern Europe no longer apply with the expanded range of tasks of the federal armed forces, so that deployment within the context of the alliance can go well beyond the previous limits. Here the international cooperation on a partnership basis that has already proved successful for decades in peacetime is of special significance.

With their computer-supported real time data transmission systems AGIS (Automated Combat and Information System) and PALIS (Passive Active Link Situation Presentation and Information System)#, the fast patrol boats are among the smallest NATO units able to exchange weapon deployment data with other naval forces, aircraft or land stations without delay.

With their high mobility, short reaction times and reliable operation in peripheral seas and very confined coastal waters, fast patrol boats are an important component in naval operations. They bridge the gap between large ships, which are optimized for high seas operations, and the immediate coastal area of the crisis region.

The fast patrol boat flotilla, whose type base is in Warnemünde, is responsible for three fast patrol boat classes in three squadrons with support vessels.

2nd Fast patrol boat squadron in Warnemünde
Ten Albatros Class 143 fast patrol boats
One Elbe Class tender

5th Fast patrol boat squadron in Olpenitz
Ten Tiger Class fast patrol boats
One Elbe Class tender

7th Fast patrol boat squadron in Warnemünde
Ten Gepard Class 143A fast patrol boats
One Elbe Class tender

Tiger Class 148

These 275t boats have been in service for about 25 years. They are equipped with four MM38 EXOCET missiles, two radar controlled 76mm and 40mm guns for deployment against air and small sea targets and a mine thrower, along with various radar and fire control systems for rapidly detecting and combating hostile units. Their automated LINK-11 data radio ensures fast transmission of situation assessment. For self-defence, the boats use electronic jamming measures, radar dummy targets and infrared decoys. Crew is four officers and 26 petty officers and ratings.

Albatros Class 143

These boats, which were put into service from 1976, displace over 400t and are 60m long. They have a crew of 41. They are equipped with four MM38 EXOCET missiles and two wire-guided heavyweight torpedoes with a large radius, as well as two radar-controlled 76mm guns with a cadence of 125 rounds per minute for fighting sea and air targets. With their fire-control systems that are able to fight five targets simultaneously and radar dummy targets and infrared decoys, the vessels have high combat effectiveness and survivability. The Albatros boats also have equipment for electronic warfare and can establish a LINK-11 data radio link in real time with other warships, Navy headquarters and the AWACS command aircraft. They can also be deployed in an ABC-contaminated environment.

Gepard Class 143A

These units, a refinement of the Albatros Class, are equipped with the RAM missile system instead of a 76mm gun for enhanced defence against hostile missiles. Instead of traditional torpedo armament, the boats were equipped with minelaying capacity. Their sensors correspond to those of the Albatros Class, and they have more up-to-date and wide-ranging possibilities for electronic warfare, also being equipped with instantaneous electronic data transmission (LINK-11). Apart from being provided with rather more space, the crew of 36 of the Gepard Class boats have a comprehensive airconditioning and NBC protection unit for citadel operation, hermetically sealed off against atomic fallout and poison gases.

Elbe Class 404 with system support group

The over 3,500t Elbe Class tenders (crew of 47) provision fast patrol boats at sea with fuel, water or ammunition and support them with maintenance functions. They also perform the vital task of refuse disposal.

For squadron missions, the 30–45 men of the system support groups are embarked on the tenders, which have containerized workshops and spare parts stores. The fast patrol boats can be rapidly repaired, even in the deployment area, with the assistance of the specialists of the system support group, who are specially trained for the boat classes and have many years of practical experience on the boats. With the container concept the system support group experts can be moved at any time with spare parts and equipment by road, by rail or air to be rapidly available at deployment locations for maintenance tasks. Thanks to this support service, the fast patrol boats can already be effectively deployed outside Northern Europe and for longer periods.

Outlook

The fast patrol boat flotilla faces great changes and challenges. After moving to Warnemünde it underwent a comprehensive restructuring, which has not yet been completed. The decommissioning of the Class 148 fast patrol boats will be followed by the commissioning of the modern Class 130 corvettes from about 2005.

In the new structure the fast patrol boat flotilla with its boats, tenders and support groups will remain a combat-effective group that can be deployed at any time in very different configurations and in combination with other forces.

The Submarine in International Security and Defence Theatres

The task definition and equipment placed in a country's armed forces are determined by the nation's overall political situation as well as its state of security, both of which define the former's tasks and mission profiles.

Generally speaking, as far as the navy is concerned, its decisive tasks are to protect trade and communication sea lines, defend own coasts from attack and uphold national rights at sea. The type of equipment employed by a country depend on the weapon systems and technologies available on the world market, which are capable of threatening the national territorial integrity.

A well balanced combination of different units is imperative to create a strong fleet structure with ample striking power. As submarines fulfil both offensive and defensive tasks within a nation's defence strategy, these units form an essential and irreplaceable piece of naval equipment.

Defensive tasks

Submarines excel at tasks which involve the passive collection of data, whereby their presence often only comes to light in the aftermath of provocative behaviour, or when weapons are employed. When on a reconnaissance mission, submarines can remain undetected for long periods; they can perform control and monitoring tasks, they are perfectly suited to gather, assemble and monitor valuable intelligence for other naval units.

The bare fact that a submarine is on mission or in the area, binds a large number of the opponents forces. The undercover employment of submarines in times of crises has a de-escalating effect, whilst simultaneously improving its own force's situation as it can almost permanently remain undetected on station, in the area of operations.

Conventionally powered submarines are not particularly suitable for providing a demonstration of force to calls of immediate

reaction – they cannot pursue surface ships, and when not engaged in an ASW role, are essentially lone operators. But submarines have high combat strength, good stability and endurance characteristics. These enable them to remain employed over a long period of time, independent of the sea area. Furthermore, the very presence of a submarine requires the oponent's three dimensional long term commitment of large forces.

Offensive tasks

The special strength of the submarine lies in its ability to approach unseen, as well as to carry out underwater combat missions. Armed with either torpedoes or missiles, submarines may be employed against surface vessels or other submarines. They can operate with other naval units in concentrated efforts against individual targets or formations. Submarines can mine important sea ways and junctions – they prevent an opponent from making full use of sea areas and sea communications lines.

Submarines are particularly well suited for ASW tasks, because, as their quarry, they can position themselves in advantageous depths, and take advantage of optimal detection ranges whilst radiating minimal noise profiles. If missions are to be performed in shallow water coastal regions, especially those with currents and/or distinct temperature and salinity layers, ASW-optimized submarines are the superior alternative. In conjunction with ASW helicopters, aircraft or surface ships, submarines are indispensable units which add a third dimension to the theatre.

Although submarines are fully capable of reaching their area of operations undetected, they may, in times of a crisis, intentionally surface to demonstrate their presence, in order to remind the opponent of the incalculable element of threat this weapon poses.

Submarine development

The dream to build "underwater vehicals" can be traced as far back as to Alexander the Great's times. The first serious step to develop a submersible into a naval weapon was taken by Bushnell during the American War of Independence in 1775 with the TURTLE. It was followed by Robert Fulton's NAUTILUS (USA, 1801), Wilhelm Bauer's BRANDTAUCHER (Germany, 1850) and Ramazotti's MORSE (France, 1886).

The dawn of the 20th century saw the start of the modern day submarine technology, which has developed into the instrument of

naval warfare as we understand it today. In 1901 the FULTON was built in the USA, the Naval in France and the A1 in Great Britian. They were followed in 1903 by the German built FORELLE, which was later sold to Russia. Around the globe, countries started to integrate the first submersible vessels into their fleets for harbour and coastal area defence and protection. Austria-Hungary, Denmark, Italy, Germany, Great Britian, Greece, Norway, Peru and Russia all built torpedo carrying boats, which were capable of diving.

This new weapon achieved its signification during World War I, when submarines directed torpedoes against merchant and naval targets for the first time. These submarines – vessels better described as "submersibles" – were primary built for surface operations, but they could dive and perform under water attacks, or escape from dangerous situations submerged. They were equipped with paraffin-burning engines and had top surface speeds of about 10 knots. Their weak batteries permitted submerged speeds not exceeding two to three knots. But the successes of this new naval instrument of war, and the increasing awareness of the vulnerability of international sea trade routes gave strong impulse to the submarine's further development. By 1918 about 160 boats had been built in Great Britian and 375 in Germany. Meanwhile, the submarine had been equipped with powerful diesel engines, grid batteries, bow and stern torpedo tubes as well as deck mounted guns. Not only had both their surface and submerged speeds increased significantly, but their fire power too. Opinion leaders now started to take the submarine issue seriously, as a possible key and deciding factor for war at sea.

Submarines made their mark in naval history in the early years of World War II. They operated around the globe, alone or in organized groups, attacking single targets and convoy groups, as well as enforcing blockades and laying mine fields. The German ship-building industry assumed the leading role in submarines construction, leaving other nations helpless – for the time being.

The introduction of under water detection equipment ASDIC (Allied Submarine Detection Investigation Committee), RDF equipment which took bearings from German submarine radio traffic, submarine hunter-killer groups and anti-submarine aircraft equipped with the newly developed Radar, all finally altered the submariner's fate – and put the submarine's practical role in question.

The importance of the submarine today

It was not any singular, revolutionary discovery which enabled the modern submarine its rebound to the important instrument of naval warfare it is today. In addition to the nuclear plant, the quest to refine shapes and profiles, the continuous effort to develop better batteries, electric motors, detection and fire control systems, ordnance and a host of other vital equipment are the factors that justify the submarine its special place in a modern fleet. The comprehensive understanding and disciplined exploitation of the laws governing submerged vessel operations, the deployment of ultra-modern manufacturing technologies which ensure a perfect construction, and quality personnel training programmes all have synergized to raise the submarine's value as a weapon.

Since the 60ies, submarines have taken on an ever increasingly important role to raise both the combat strength and defence capabilities of navies. Thanks to modern equipment and high combat strengths, submarines have become an indispensable component of future oriented navies, as can be seen by the number of navies operating submarines, which has more than doubled in forty years (refer to chart on page 71). The submarine's superiority over surface units, their capacity to work unseen in coordinated operations and their ability to operate in hostile waters or areas under surveillance opens up a wide and flexible range of tasks and mission profiles, for which submarines are eminently suitable.

The modern day submarine task includes defence precautions off own coasts, upholding the long term security of shipping lanes, extensive, covert surveillance of sea areas, the silent observation of situations requiring quiet but detailed long-term monitoring, or the reinforcement of surface formations. Depending on their configuration, propulsion system and type of payload in terms of equipment and armament, submarines can be effectively employed as strategic missile carriers for land or sea targets, as torpedo carriers in surface or ASW combat roles, or as stealthy mine layers in a mine warfare scenario.

The dream of unlimited underwater operations has only come reality for a few nations equipped with nuclear powered submarines (USA, Russia, Great Britian, France and China). These can operate worldwide as strategic weapon systems, collect intelligence or perform a kaleidoscope of other missions whilst permanently submerged and sailing at speeds excessing 35 knots.

Now that the fuel cell propulsion system in combination with high capacity batteries has successfully passed sea testing, it offers the conventionally powered (non-nuclear) submarine the most effective, technically best developed and operationally most practical alternative power solution. It permits conventional submarines (which have minimal signatures) to remain constantly submerged for long periods. The restrictions imposed by snorkling no longer apply, high top speeds can be achieved under battery power, radiated heat and noise emissions have been reduced to an absolute minimum. Submersed operation periods increase to 60% of the mission duration. Thus this new technology gives the conventional submarine greater operational freedom, allows deeper dives, longer submerged periods, greater operational ranges – all decisive features, which once again underline the submarine's superiority over surface forces.

Operational areas

The East-West de-escalation has changed the world – submarines must now expect wider than ever operational areas and missions in every imaginable climatic and sea conditions.

The continuous research and design invested during the last 40 years in the conventional submarine has cumulated in the fuel cell's air independent propulsion system, which permits virtually permanent submerged operation modes. Conventional submarines can be easily optimized in size, manoeuvrability, combat strength and endurance to meet pre-specified tasks in any given sea area. They can operate in shallow, restricted waters as well as in the deep ocean without limitation, irrespective of weather and sea-state conditions. The modern non-nuclear powered submarine can more than ever be regarded as a reliable, extremely economical and highly effective weapon system for any medium sized navy, especially when its favourable life-cycle costs of 1/3 to 1/5th of those of a frigate are revued (see chart on page 71).

Submarine flotilla, Pages 66 - 73
Role

The changed political parameters have also had an effect on the role and operational area of the submarine flotilla. The German Navy's current 14 submarines have high deployment readiness and with their presence emphasize resolute defence capability in the entire NATO operational area.

The annual training planning of the submarine flotilla with its missions is oriented to this role. In addition to their former deployment area in the North Sea and Baltic, German submarines have also been deployed in the Atlantic and increasingly in the Mediterranean since 1993.

In a crisis situation the role of the submarine flotilla consists in rapidly achieving full deployment capability and assuming tasks in the context of crisis management in the mission area. Where an obvious military presence is not desired or where it is not possible to deploy surface forces or aircraft for sea area surveillance, submarines are particularly suitable for reconnaissance, situation assessment and verification duties.

In the event of conflict submarines are responsible for protecting sea-lanes and their own coasts or those of allies by securing the relevant sea area. In blocking-off operations, they ensure that enemy surface forces are unable to penetrate particular sea areas as well as to their own sea transports and coasts. In crisis and conflict situations, submarines can also be deployed at any time for reconnaissance duties or special operations.

Offensive operations

Submarines are used for fighting surface units and other submarines and for this purpose can be equipped with torpedoes. They can also deploy mines at transport hubs or operate in combination with other naval forces specifically against individual units or groups of ships. In this way they can deny an opponent the unhindered use of the sea and its sea-lanes.

Here submarines' strength lies in their being able to approach the enemy undiscovered and fight in a concealed manner. Class 206A submarines are suitable only in a limited sense for an anti-submarine role. Their strength lies in their ability, like the target they are attacking, to position themselves in the most favourable detection depth and thus, generating minimal noise levels, achieve optimal detection ranges.

Submarines optimized for an anti-submarine role are a superior weapon system particularly from missions starting from shallow waters near coasts. When also deployed in combination with anti-submarine helicopters, aircraft or ships, they embody the third dimension component. Submarines are indispensable for hunting submarines in combined operations, particularly in shallow waters with currents and salt and temperature layers. Although they can generally reach their operation areas undiscovered, submarines can build up an incalculable threat in times of crisis simply by their presence.

Defensive roles

Conventional submarines are not suitable for fast focusing and cannot pursue surface units. Except in their anti-submarine role, they operate individually.

Their deployment involves mainly passive data collection and is thus apparent only with weapon deployment or consciously provoking behaviour. In their reconnaissance role, submarines can stay unseen in sea areas for lengthy periods to perform surveillance duties or gain information for the deployment of other naval forces. Submarines tie down hostile forces just by their presence or even only their potential deployment. They have high combat effectiveness, robustness and endurance and can therefore operate for long periods independently of sea area.

Structure

Submarine flotilla staff, in type base Eckernförde since February 1998, with the integrated 1st and 3rd submarine squadron:
Twelve Class 206A submarines
Two Class 205 submarines (U11 converted into twin hull boat for underwater target presentation, U12 as test vessel for modern sonar devices)
Support vessel Meersburg
Submarine training centre (AZU) with the tactical trainer 206A and the marine land facility

The submarine flotilla is responsible for training all submariners and for this purpose uses the submarine training centre. This is the Navy's only training facility that is under fleet command. Submariners are thoroughly trained for service on submarines at the Navy's land facility, so that they do not require follow-up training on board the small, confined boats. Although training on the tactical trainer cannot replace training at sea, it offers submarine management teams a practically oriented, well-rounded training that significantly shortens on-board training activities.

Class 206A submarines

The twelve Class 206A submarines entered service as Class 206 between 1973 and 1975. They have a length of 48.6 m, displacement of 450t and speed of up to 18 knots when submerged. They are manned by a crew of 25 in two-watch system, ie four hours watch and four hours off watch.

With the conversion to Class 206A in the second half of the '80s, the submarines were fitted with almost entirely new sensor equipment, as well as state-of-the-art systems for situation assessment, presentation and fire control. The vessels have become much more efficient with the integration of the sonar, situation processing and weapon deployment system SLW 83. The enhanced sensor system makes possible greater detection ranges against surface and underwater targets and provides target data and situation picture presentation immediately and with great precision. Armament is eight bow torpedo tubes, from which the wire-guided torpedo DM 2 A3 is fired.

A characteristic feature of the weapon system 206A is its capability for fighting multiple targets. Three torpedoes can be fired at the same time against different targets. The DM 2 A3 is for the first time a genuine "dual-purpose torpedo" that with its completely new sensor system and data processing system can be used against both surface and underwater targets.

In a final step this torpedo is to be converted into a DM 2 A4 with an entirely new propulsion system permitting higher speed and increased endurance. Moreover, 24 ground mines can be transported in a minebelt specially designed for this purpose without affecting eg. manoeuvring characteristics and speed. For protection against mines the submarines are built of amagnetic steel. Thanks to their small size and good depth-keeping characteristics, they are particularly suitable for deployment in shallow waters, being able to operate at depths of up to 20m.

The conversion measures have greatly increased the effectiveness of the Class 206A submarines, ensuring that they will be able to be deployed until replacement by the new Class 212 units beyond the end of the millennium.

Class 212

With the introduction of the Class 212 submarines the German Navy is acquiring the latest, future-oriented submarine technology. This significant quality leap in specific anti-submarine capability involves mainly the vessels' propulsion system (fuel cell) that is largely independent of external air supply and virtually noiseless and heat-neutral, as well as their deep-frequency acoustic sensors. The German Navy has taken a decisive step into the future with its selection of fuel cell propulsion for the submarines of the coming generation. This system offers various advantages:

- Noiseless energy conversion,
- Low heat generation
- High effectiveness
- No reaction materials to outside the vessel
- Propulsion independent of diving depths
- Modular structure
- Simple control
- High longevity.

The fuel cell system meets the high requirements for difficulty of detection and increases underwater endurance by over 60 percent compared with diesel-electric submarines. The hybrid drive of the Class 212 comprises a fuel cell plant (BZA) and a conventional battery with diesel generators, providing long-term underwater propulsion with the fuel cell and short-term top speed with the high-performance batteries.

With their ultra-modern command and weapon deployment system along with enhanced detection capability up into deep frequencies – with a towed sonar, towed array, long detection ranges can be achieved in the deep frequency area – and reduction of disclosure signatures (optical, radar, heat, magnetic, acoustic), these submarines are among the most up-to-date conventional underwater systems suitable for early reconnaissance and effective combating of surface and underwater targets.

Outlook

Conventional submarines will retain their position in the German Navy for missions in the context of national and alliance defence and for crisis operations. Thanks to their specific characteristics, submarines can also maintain a presence in a sea area for a long time that is difficult to calculate or pose a threat to superior enemy forces. Submarines are also suitable for (concealed) reconnaissance, surveillance and special operations. The current Class 206A submarines can perform a specific anti-submarine role only to a restricted extent. However, the Class 212 units will be very suitable for this role.

With its Class 206A submarines and new Class 212 vessels, the submarine flotilla, based in the type base Eckernförde since 1998, will continue to make its vital contribution to fulfilling the role of the fleet.

Naval Air Wing, Pages 74 - 91
Role

The role of the Naval air arm follows from the role of the fleet and can be generally formulated as "conducting naval war from the air". Naval air forces are an integral component of the fleet and for fulfilling its role are combined with surface and underwater forces into task forces. Training of crews and aircraft equipment and armament must take particular account of the special conditions of deployment over sea.

The following main tasks can be derived from the generally formulated role of the Naval air arm:

- Reconnaissance (photo/sight) and sea area surveillance in the deployment areas of the Navy
- Telecommunications - electronic reconnaissance
- Fighting hostile surface forces
- Fighting hostile submarines
- SAR duties

The flotilla of the Naval air arm is subordinated to the commander of the fleet. The commander of the flotilla of the Naval air arm is responsible for ensuring and maintaining deployment readiness of squadrons under him. He is in charge of three Naval air arm squadrons with a total strength of approx. 4,100 naval personnel and 1,100 civilian employees. The flotilla of the Naval air arm includes 111 aircraft and helicopters.

With the restructuring of the Naval air arm, the squadrons were given a two-group structure: the deployment group, ie the flying group, and the support group, ie the technical group.

The ROLAND air defence system from the former base group has been retained in the Naval air arm squadron 2 and Naval air arm squadron 3 "Graf Zeppelin".

The flotilla of the Naval air arm is responsible for three squadrons:
Naval air arm squadron 2 in Eggebek, with 51 TORNADOs in reconnaissance fighter bomber role (two deployment echelons, one training echelon)
Naval air arm squadron 3 "Graf Zeppelin" in Nordholz, with 18 BREGUET ATLANTIC (14 anti-submarine reconnaissance, four SIGINT)
17 SEA LYNX shipboard helicopters (seven due)
Two DO 228 LM (surveillance oil and sea pollution)
Two DO 228 LT (air transport)

Naval air arm squadron 5 in Kiel Holtenau, with 21 SEA KING helicopters for the main role of search and rescue (SAR), as well as functions including tactical air transport in future from task group supply units.

TORNADO

With its Navy-oriented equipment and armament, the weapon system TORNADO has become a versatile instrument of naval warfare. Prominent characteristics of the 51 Navy TORNADOs are:

- Rapid effect in the depth of the operation area
- Autonomous and group surface naval warfare conduct
- High effectiveness
- Largely all-weather capability
- Task-oriented and flexible force and weapon deployment

With its photo equipment the TORNADO can make a substantial contribution to maritime situation presentation and general reconnaissance near coasts. As a fighter bomber, it can directly support surface forces by combating enemy surface units with missiles or bombs, laying mines or suppressing and combating hostile surveillance and fire control radars with the missile HARM.

In its photo reconnaissance role, the TORNADO is deployed with three camera systems: a low-altitude panorama camera, a swivelling camera with long focal distance and an "infrared line scanner". Its mobile air evaluation system guarantees fast and top-quality picture evaluation even on missions starting from other airfields.

The TORNADO is equipped with bombs (MK83, MK82), board cannons, KORMORAN guided missiles and HARM missiles. The aircraft can also be deployed for mine operations by dropping multi-purpose bombs with mine fuses. Its armament is supplemented with active and passive systems for electronic warfare. Its supporting roles are escort and inflight refuelling. In its escort role the TORNADO is equipped with the short-range missile AIM 9L for combating or defending against hostile aircraft.

BREGUET ATLANTIC

The 14 reconnaissance/anti-submarine aircraft (maritime patrol aircraft, MPA) and four measurement aircraft (Signal Intelligence, SIGINT) of the Naval air arm squadron 3 "Graf Zeppelin" represent a key component of naval operations. These reconnaissance aircraft can engage in surveillance of sea areas and shadow hostile naval forces. They are deployed for transmission of target data and as anti-submarine aircraft for autonomous or supporting anti-submarine operations. The measurement aircraft are deployed to gather electromagnetic signals and provide an "Electronic Order of Battle".

The BREGUET ATLANTIC can remain in its area of deployment for a very long time. Its wide range of electromagnetic, hydro-acoustic and optical sensors enables its crew to detect, identify and shadow surface and underwater targets even in remote sea areas for long periods. It can be equipped with a photo container if required.

In its anti-submarine role the BREGUET ATLANTIC is deployed to detect, pursue and combat hostile submarines. In this capacity it can operate both independently in open area search and defensively to protect its own forces. It is equipped with various sensors and effectors for anti-submarine operations, active and passive sonar buoys that are released by the aircraft and relay to it the underwater signals received for evaluation, a radar unit to detect vessels on the water surface, the MAD unit (Magnetic Anomaly Detector) for registering magnetic field disturbances that can be caused by submarines and ESM unit (Electronic Support Measures) for provision of electronic emissions. It can deploy torpedo and depth charges for fighting submarines. The MPA is also deployed for search and rescue operations (SAR). For this purpose one aircraft is kept constantly in three-hour readiness.

The Gulf conflict involved a shift in focus to sea area surveillance, where the BREGUET ATLANTIC can make an important contribution to maritime risk prevention as well as crisis management.

SEA LYNX

The shipboard helicopter SEA LYNX MK88, stationed in the squadron MFG 3 "Graf Zeppelin", is one of the main sensors of the Class 122 and 123 frigate and an important part of the ship as weapon system, on which two helicopters and 18 flying and technical personnel form the "main section 500".

The helicopter's equipment and armament is designed for its main role of anti-submarine operations. It is equipped with a depth-variable sonar for active and passive detection, and two torpedoes for fighting hostile submarines.

The shipboard helicopter provides valuable services for embargo enforcement, helping to land inspection teams from the frigate on merchant ships that are to be inspected. This role is designated as "fast roping".

As an integrated weapon system of the frigate Classes 122 and 123, the shipboard helicopter represents a versatile weapon system of the crisis reaction forces.

Its special capabilities are focusing anti-submarine operations, reconnaissance, transmitting target data and transporting personnel and equipment.

SEA KING

The weapon system SEA KING MK 41 has proved to be an outstanding success in its main role search and rescue (SAR). The 21 helicopters were put into service from 1972 in the squadron MFG 5 in Kiel Holtenau. Since then

they have been on round-the-clock SAR stand-by over the North Sea, Baltic and Schleswig-Holstein. For this purpose helicopters are stationed in Warnemünde (Mecklenburg-West Pomerania). Borkum and Westerland are available independently as field stations. The SEA KING helicopters are also intended as part of crisis reaction activities to provide logistics support for German naval forces and for evacuation operations, with the option of embarking personnel on the task group supply vessels.

DO 228 OIL SURVEILLANCE/AIR TRANSPORT

The DO 228 are equipped for monitoring sea pollution and have the role of analysing pollution that has been spotted and reporting to the water and shipping authority responsible in order to determine the offender. The aircraft are equipped with a Forward Looking Airborne Radar (FLAR), a Side Looking Airborne Radar (SLAR), a Micro Wave Radiometer (MWR), a Laser Fluor Sensor (FLS), an Infrared/ Ultraviolet Sensor (IR/UV) and a video camera.

The aircraft are deployed at various times of day and night. Pollution that is discovered is reported to the water and shipping directorate. Although this is not a traditional naval role, as an important aspect of a comprehensive preventive strategy of the Federal Republic of Germany, monitoring water pollution is an increasingly significant sea surveillance task carried out on behalf of the federal transport ministry.

The commander of the fleet is provided with two DO 228 in the squadron MFG 3 for air transport purposes. These aircraft are used for various purposes – ranging from supporting training for young pilots, providing crew exchange for the SAR field stations to support/ supply naval and naval air forces in their specific deployment and training areas and transporting personnel.

ROLAND

The ROLAND air defence system was introduced for the Naval air arm squadron for air base defence in 1989. The role of this "short-range air defence" system is to defend the Navy's deployment air bases against air attack.

For this role, the squadrons MFG 2 and MFG 3 are each equipped with a mobile air defence command post and six mobile rockets launchers capable of combating targets autonomously or under the command of the air defence command post. The system is

characterized by high mobility and independence, short reaction times on target discovery, pursuance and fighting, high firepower, maintenance-free missiles and protection against electronic countermeasures (ECM protection).

Outlook

The Navy's airborne weapon systems currently in service will fly beyond the year 2000. To extend their usage and enhance their combat effectiveness, weapon systems are being upgraded to the newer technical equipment level that has become necessary.

The Navy version of the NH 90 helicopter is to succeed the SEA KING and SEA LYNX helicopters. Tactical and technical requirements have been formulated for a future sea area surveillance and anti-submarine aircraft as successor to the BREGUET ATLANTIC from 2007. The weapon system TORNADO will be deployable with combat effectiveness enhancements until well after 2015.

The significance of Navy air forces has increased for crisis reaction as well as conflict prevention purposes. Their tactical capabilities range from reconnaissance to weapon deployment. The basic prerequisite for effective deployment of naval air forces is central standard command and rapid availability, giving the commander direct access and the opportunity to influence operations.

As a fast-reaction, flexible and effective instrument of naval warfare, the aircraft of the flotilla of the Naval air arm are an indispensable component of our modern fleet.

Communication and electronic warfare flotilla, Pages 92 - 93
Role

The role of the communication and electronic warfare flotilla can be briefly summarized as follows: "Ensuring the leadership capability of the commander of the

fleet". This is effected by ensuring fast, secure and reliable command and exchange of information at any time between the commander of the fleet and the sea and naval air forces. The extension of the Navy's range of duties beyond its former limitations presupposes that fleet forces can be reached worldwide. Situation reports have to be provided almost immediately as a constantly updated basis for decision-making.

The commander of the fleet's management capability is ensured by the land-based telecommunications link and operating service in combination with the switching functions# of the Navy (Demander), the land-, ship- and air-supported intelligence reconnaissance and intelligence warfare and the land-based detection service. The staff of the communication and electronic warfare flotilla in Kiel is responsible for the Navy telecommunications sections 1 and 2 in Glücksburg and Sengwarden, Navy telecommunications group 30 in Rostock-Gelsdorf and Navy telecommunications staff 70 in Flensburg. The command covers the federal states of Lower Saxony, Schleswig-Holstein and Mecklenburg-West Pomerania. It ranges from the submarine transmitting station Saterland-Ramsloh in the west to the Navy radio transmitting and receiving station Arkona on Rügen, including unmanned telecommunications stations on the islands of Borkum, Heligoland, Wangerooge and Fehmarn.

Approx. 1,900 Navy personnel and civilian employees ensure that the commander of the fleet is linked to his units at sea and in the air day and night and that the necessary reconnaissance and telecommunications is provided for voice and text messages in the Navy's focal areas on land.

Resources

To fulfil its role, the communication and electronic warfare flotilla maintains management resources involving various kinds of technology and ranges with the aim of reaching addressees worldwide via a deeply echeloned telecommunications system. This system, designated Navy command system, involves:

- Telecommunications of the fleet in the home Navy base
- Telecommunications in home waters
- Telecommunications on the high seas, in foreign waters and regions.

Three Navy telecommunications headquarters with the transmitting and receiving facilities under them form the nodal points of the system, in which all three levels are operated. The Navy telecommunications headquarters are linked with one another via a tactical directional radio network as well as land lines and with the radio transmitting and receiving stations. Submarines are commanded via the submarine command system, which consists of a VLF transmitter in Ostfriesland whose signals can also be received by submarines submerged to a depth of approx. 20m and the three receiving stations in Wittmund-Harlesiel, Lütjenholm and Schwedeneck. In addition to the national long-distance communication links, the Navy uses the NATO-IV satellite via the NATO ground station Euskirchen. Four SCOT 1A transmitting and receiving units are used by the fleet. The successor unit SCOT 3 will be incorporated with the frigate construction programme F123/F124.

At present two teletype links (land-sea and sea-land) are encoded and a telephone link operated via these links. Telecommunications in the home coast area is provided mainly via radio transmitters/receivers in the frequency range UHF/VHF. Replacement of the signalling stations by unmanned transmitting/receiving stations remotely operated from the telecommunications headquarters Glücksburg and Sengwarden was completed in 1998 as UHF/VHF communications link.

Land-, air- and sea-based telecommunications and electronic reconnaissance is provided by MFmStab 70 in permanent and mobile units in 24-hour operation all year round. Carriers of the mobile units are the three Oste Class 423 fleet service boats in Kiel, the Alster, Oste and Oker and the four BREGUET ATLANTIC SIGINT version in Nordholz.

Telecommunications reconnaissance in the HF area is carried out with the newly set-up wide service surveillance system "Kastagnette" in Bramstedtlund by the Navy telecommunications sector 71. Acoustic Intelligence (ACINT) is performed by the Navy underwater detection station (MUWOST) in Marienleuchte/Fehmarn, and the Hydroacoustic Analysis Centre (HAM) at MFmStab 70.

Outlook

With its resources the communication and electronic warfare flotilla already provides the operational and technical basis for the command of the fleet in accordance with the situation requirements. In this respect the

fleet's management philosophy will remain unchanged in the future but with new focuses:
● Continuous use of and adjustment to modern technology
● Digitalisation, data processing and fast data transmission
● Further system orientation also of Navy command services on land
● Saving personnel and material, maintaining efficiency via a modern technical standard
● High degree of automation and close networking
● Orientation of Navy command systems to the Navy's extended geographic role.

The communication link-up in the management system of the fleet command – ie, remote control, remote-controlled surveillance system and remote supervision of all Navy radio transmitting and receiving stations from one Navy headquarters with the transmission media tactical-directional radio fleet command and ISDN federal armed forces – is being established and should be completed in 2000. Its implementation will cover most of the points mentioned.

Navy arsenal, Pages 94 - 97

The Navy arsenal is not an ordinance depot or armoury in the old sense of "arsenal", but regards itself as the "prime contractor" for maintenance in the Navy. A total of 200 ships and boats as well as 110 shore facilities are the "customers" of the arsenal, which performs repair and maintenance work with a staff of 3,346 in over ten locations on the North Sea and Baltic coast.

The arsenal's central management in Wilhelmshaven is responsible along with the departments of the Navy for preparing, coordinating and supervising interim or depot maintenance of ships and boats. The units are withdrawn from their squadrons at regular intervals for this work, which is performed in close cooperation with shipyards. Repairs to ship technical plant, such as propulsion engines, rudder systems and hulls, are carried

out by specialist firms and inspected and accepted by the employees of the arsenal on the spot.

The state-of-the-art electrical and electronic weapon systems, equipment and systems, are checked mainly by the arsenal plants themselves. The plants' own engineers perform error analyses to ensure that experience from maintenance work can be used for the design of newbuildings.

Damage often occurs in the daily operation of vessels at sea or in the training facilities on land that cannot be corrected with tools immediately to hand. Here the Navy arsenal assists with its immediate maintenance. The arsenal's specialists work with their modern machines, tools and measurement and testing equipment on board or on land on the spot or in the large workshops in Wilhelmshaven and Kiel.

All maintenance carried out on board or on land is accompanied by intensive quality assurance to guarantee flawlessly operating and reliable ships for the Navy.

Navy department, Pages 98 - 129
Role

The Navy department based in Rostock is one of the three higher command authorities of the Navy and immediately under the inspector of the Navy. The duties of the Navy department under the command of the departmental head with the rank of a rear admiral involve coordination of training courses for all personnel of the German Navy, handling all aspects of the Navy's medical and health service, managing the Navy protection service, managing recruit advertising for the Navy, providing geophysical support of the fleet and formulating personnel and material resources principles of the Navy.

Naval schools

The Navy has been restructuring its school system since 1994. Its originally 16 subject-related schools and training facilities are being

reorganized so that up to 2003 only the hitherto two schools for senior officers and three function schools with a separate training group (training group ship protection in Neustadt) will remain with the Navy:
● Mürwik naval college, Flensburg
● Navy petty officer school, Plön
● Navy operations school, Bremerhaven
● Navy supply school, List
● Navy technical school, Parow
● Training group ship protection, Neustadt

The training currently still provided at the Navy telecommunications school, Flensburg and Eckernförde, Navy weapons school, Eckernförde and Kappeln and Kiel technical naval school is being gradually transferred to the Navy operations school and Navy technical school. The Navy technical school, which is being set up, has provided basic training for the Navy's marine technical personnel as well as basic and specialized training for personnel deployed in deck service since 1997. After the completion of the restructuring of the school organization, all tactical/operative training courses will be provided at the Navy operations school and all technical training courses at the Navy technical school.

Mürwik Naval College

Mürwik Naval College, which was built according to the plans of the Navy architect Kelm and whose external design was oriented mainly to the Marienburg, was inaugurated as a training institution for naval officers by Kaiser Wilhelm II in 1910. Following Stettin, Danzig and Berlin, the cadets of the naval college have been trained here since October 1st 1910. After the First World War the school served as accommodation for Allied personnel who had to supervise the controlling agreement in the German-Danish border zone. However, training for officers resumed as early as 1920.

In the last weeks of the war in 1945 the main building of the naval college was used as a hospital. A few days before the end of the war the sports school area of the naval college became the last centre of the political and military leadership. On May 1st 1945 Grand Admiral Dönitz took over as the head of the last government of the German Reich and two days later moved his headquarters to the grounds of Mürwik naval college.

After 1945 the college still served as hospital and from 1949 as customs school. Later the college of education was accommodated in a wing. In 1956 the Federal Navy moved with the Crew I/56 into the northern part of the main building. Since 1959 all facilities of the college have again be used for naval officer training.

Training of naval officers

Mürwik naval college provides officer training for professional officer cadets and officer cadets who have signed up for a set period, medical officer cadets and officer cadets for specialized military service. It also provides further training for patent holders from merchant shipping and selected applicants from other career paths as reserve officers.

In the first year of his training the officer cadet attends for the first time the officer course at the naval college after having undergone general basic training at the Navy petty officer school in Plön, basic nautical training on the sailing training ship GORCH FOCK* under the naval college and a basic practical technical course.

After completing the basic officer training course, which includes a practical course on ships and boats of the fleet, the cadet takes his officer examination. Following this first training phase, he leaves the naval college to study at one of the universities of the federal armed forces in Munich or Hamburg. After this scientific training lasting three to four years, the young officer then returns to the naval college to take an advanced course of training preparing him for serving in the Navy for the first time. Later naval officers return again and again to their alma mater for all kinds of basic and advanced training courses. At Mürwik naval college young men are trained as officers who are ready and able to assume responsibility for managing people, ships and aircraft.

Navy petty officer school

The Navy petty officer school has the task of providing career courses for petty officers, chief petty officers, petty officers of the reserve and chief petty officers of the reserve to teach

---

* The GORCH FOCK is a barque with hull and masts made of steel. She has a displacement of 1870t and sails of plastic material covering 2,037 m2. Her max. speed is 16 knots under sails and 12 knots with the auxiliary engine. She has a basic crew of 12 officers and 55 petty officers and ratings and can accommodate 160 cadets on board. The GORCH FOCK, which was built at Blohm+Voss, celebrated her fortieth anniversary on August 23rd 1998.

military leadership skills as well as managing and training subordinate personnel for the relevant service position. The Navy petty officer school also provides the basic military training for officer cadets of the combat units and medical services of the Navy.

After central petty officer training commenced in the Federal Navy in 1956 in Cuxhaven and from 1957 in Eckernförde, the petty officer school moved back to its traditional location of Plön in 1960. Year by year young naval personnel are trained and educated here for their tasks as superiors enabling them later to assume responsibility as leaders and trainers in the Navy.

Key subjects of the theoretical and practical training are military law, military discipline, methodology of training and political education and leadership. These are supplemented by training in small arms and shooting, practical seamanship, drill (exercise) and sport. The explicit aim of these courses is to make a wide range of intellectual, physical and psychical requirements on course participants to qualify them as versatile, reliable and robust superiors able to command their personnel.

The experienced chief petty officers who are have already proved their ability in practical service can also undergo further training. Four-week further training seminars are regularly offered for these persons to familiarize them with innovations, changes or basic principles of naval leadership.

During his period of service every long-serving petty officer attends up to three courses at the Navy petty officer school, which thus bears a considerable responsibility for the education and training of naval personnel.

Navy detection school/Navy operations school

The new start of the Federal Navy's schools dates from 1956 in Bremerhaven. The Navy detection school started operation in October 1956 in the barracks that were at that time still partially used by American personnel. In May 1957 the facility was returned to the Navy by the Americans, so that training activities at the detection school could be expanded to meet requirements.

Navigation training was given with modern navigation and radar systems, as well as with a former minesweeper and later with the training frigate Scheer. At the same time electronics training began for all groups of ranks, involving the correct handling and maintenance of the radar, navigation and sonar

units on board ship and on land. In 1970 the training equipment, which had meanwhile become obsolete, was replaced by modern equipment and courses for naval personnel with prior knowledge of electronics and courses for microcomputers were introduced. Since 1963 naval personnel have been able to acquire after their electronics training a civil qualification with the Chamber of Industry and Commerce. The qualification as information electronics specialist, communication equipment mechanic has been possible since 1974 and the qualification as communication electronics specialist in the field of radio and information science since 1990. Training to industry master level is also possible for long-serving personnel.

In addition to technical specialist training, a main focus is the training of officers, chief petty officers and petty officers in the subjects of operations service, navigation, electronic warfare and tactics.

In 1997 the training group sea tactics, the tactical further training facility for all naval officers for 30 years in Wilhelmshaven, was set up as training centre for tactics and procedures at the operations school in Bremerhaven. This provides tactical basic and further training of officers on all ships, boats and aircraft. With the taking over of the former training group sea tactics, the Navy detection school was renamed Navy operations school.

After the final restructuring of the Navy operations school in 2002 all technical training courses will take place at the Navy technical school in Parow. Training of naval personnel at the Navy telecommunications school and Navy weapons school in the areas of operation, navigation, telecommunications/electronic warfare, tactics and procedures will be provided for all groups of ranks in Bremerhaven.

Technical naval school/Navy technical school

On June 1st 1956 the "technical naval school" was established for training ship technical staff of the Federal Navy at the former "Kiel-Wik naval technical school", where the Navy's technical training was carried out up to 1945.

This institution was necessary to train specialized marine technical personnel to man the small but rapidly expanding fleet. Initially split up in two locations, training for ship technology was later carried out in two schools, Kiel TMS I and Bremerhaven TMS II.

In 1982 in a first step elements of the

TMS II training were moved from Bremerhaven to Kiel and combined there with TMS I to form the naval technical school. Training for the qualification level of a skilled worker or apprentice's final qualifying examination remained initially in Bremerhaven. In 1987 the training facilities were eventually pooled in Kiel, divided up in three training groups.

As part of the reorganization of naval training, in future the Navy's entire technical training will be combined at the Navy technical school in Parow near Stralsund. This involves ship technical training as well as technical training aspects of the weapons schools, Navy telecommunications school and Navy operations school. Nautical petty officers and ratings are also trained in Parow.

At present "Training group C", in which basic training of young recruits for ship technology is provided in a three-month training course with general and specialized military components, is based in Parow. Personnel are taught capabilities and skills that they need to fulfil tasks in their specific deployment area in the main section ship technology on naval vessels (engine technology, electrical engineering, ship operation technology). These skills are taught in theoretical and practical training sessions. Training is rounded off with a practical course on a former minesweeper to familiarize trainees with conditions on board and teach them how to deal with fires and leakages.

The future "Training group A", at present still within technical naval school in Kiel, forms the core of the Navy technical school, along with the normal training for petty officers and officers of the deployment area ship technology, with the subjects engine technology, electrical engineering and ship operation technology.

The courses in this area last between three months for petty officers and up to twelve months for the officers of the specialized military service. Special and supplementary courses are also provided for professionally related training, system training for specific ship/boat classes, introductory courses for officers from non-NATO countries and short courses.

Cutaway models and torsos of various items of equipment, engines and generators are provided for demonstration purposes in three well-equipped machine halls in Kiel to familiarize trainees with how marine equipment works. Functioning engines, propulsion and electrical plants identical to units on ships as well as ship operation plants are provided to enable trainees to learn manual skills and gain experience with operating and handling problems with failures. The relevant premises for the naval technical school are at present at the planning stage or are still under construction. The ship technical training of "Training group A" is recognized in the civilian sector as "C patent" for merchant shipping.

The "Training group ship protection" in Neustadt (Holstein), which is attended annually by about 6,000 navy personnel, comprises the fire-fighting service, leakage service, ABC prevention service, search and rescue service, medical service in combat and diver service, including the diver medical service as well as principles of deployment.

As ship protection is an integral component of overall combat operations, the mentioned services do not exist individually next to one another, but interlock and can be effective only in combination.

The requirement profile therefore ranges from crafts skills to rapid and accurate situation assessment and deployment and management of resources.

The training of combatants, group leaders, ship technology officers, ship and squadron management and divers provide in combination the necessary basis for effective conduct in combat situations.

Damage reaction training is provided in the context of deployment training of the fleet in Neustadt, where intensive training for the entire crew is given on the specific ships and boats for mastering overall systems even after damage sustained in combat.

Navy supply school

As one of the Navy's three function schools (technology, operation, supporting services), the Navy supply school trains personnel for activities in staff service – with orderly room function, office communication, personnel management and accountancy, catering service, supply service with all areas of material management and the medical service. It carries out the basic training and specialized# military training for recruits as well as specialized# military training for petty officer and chief petty officer cadets. The Navy supply school also provides officer training in various supporting basic management areas and specialist areas of the Navy. The same applies for officer cadets for specialized military service

and for officers, who in future are deployed as ship supply officers on board destroyers, frigates and supply vessels or as supply officers in boat squadrons and land-based departments, eg in depots, bases, battalions or operations staff units. Future personnel officers and officers in charge of alert and mobilization are also trained at the Navy supply school.

Thorough specialized training is necessary for these many services, the value of which – regrettably – is often not fully appreciated in the day-to-day life of the armed forces.

What would a ship or boat be without a well-functioning galley? What could a protection company achieve in action without the supply officer to ensure the necessary supplies? Who would provide health care and medical care if the personnel of the medical service were not there on the spot? And who would want to have naval forces and aircraft operating for weeks and months if personnel management and supply services had not been organized by competent experts?

Each individual deployment area of the supporting service has its particular role and needs to be thoroughly trained for the functioning of the fleet. Like every kind of technical or operative training, this is of decisive significance for the success of missions.

Navy medical service

The Navy medical service has the role of providing medical care at all times for the Navy's own forces in accordance with military requirements and modern standards. This involves protecting, maintaining or restoring the health of personnel in times of peace, crisis and war, as well as after the end of hostilities.

The Navy medical service's role involves mainly the planning, provision and deployment of resources for medical care in personnel and material terms as well as training and preparation for missions.

The Navy medical service provides medical care for naval and naval air forces as well as naval land units in accordance with the requirements of the particular situation, based on the medical, personnel, material and infrastructure standards applying in the Federal Republic of Germany.

The Navy medical service is headed by the Surgeon General of the Navy and comprises the medical service of the fleet and the land-based medical service.

The medical service of the fleet comprises the medical service on board ships, in the boat

flotillas, the naval air arm and in the combat diver group, attending to personnel immediately connected with mission assignments.

The land-based medical service comprises the staffs of the Navy sections West and East, to which the medical centres in the various locations and federal armed forces chemists are subordinate, as well as the Navy's shipping medical institute.

The Navy medical service with its medical officers (doctors/dentists/chemists) on land, ship doctors and squadron doctors, medical officers in the type flotillas as well as specially trained personnel is an indispensable, integral component of the Navy as a service.

Navy protection personnel

The Navy protection personnel have changed greatly with the changes in the structures of the Navy, with their often changing duties, restricted pioneer capability, focus formation for coastal protection, amphibian operations, tasks connected with protecting bases of the Naval air arm, protecting the bases of the Navy and tasks of protecting all land-based naval installations.

The Navy protection personnel have been very differently structured and stationed in various locations over the years since the rebuilding of the federal armed forces. Emerging from the protection companies in the bases and the air base protection of the Naval air arm squadrons, with the centre of basic training at the petty officer school in Plön, following the establishment of three active protection battalions in Glückstadt and Rostock the Navy protection regiment today comprises:
Battalion 1 in Glückstadt,
Battalion 3 in Seeth,
Training battalion in Glückstadt.

To supplement these, at both locations battalions 2 or 4 as equipment units are activated in the event of mobilization.

The protection units have the task of protecting allocated Navy objects as well as transport units against attack. They also provide contingents for embarkation on naval vessels for protecting mobile boarding teams and allocated objects during missions in foreign waters.

Because of their wide area of deployment and integration in the crisis reaction forces of the German Navy, the protection units are given intensive, versatile and practically oriented training in all types of combat. The deployment principles for the boarding teams

as well as the Navy's own deployment principles for boarding missions represent the guidelines for personnel management and training.

The Navy protection section comprises 1,100 men in peacetime and increases to 2,900 in the event of mobilization.

Armament and equipment are optimized for protecting objects with infantry. The battalions are equipped with cross-country vehicles, small arms, bazookas, 20mm field guns and STINGERs. With their mobile telecommunications they are tactically mobile and able to be moved rapidly and deployed in a versatile fashion. They form an effective, well-trained unit that can be deployed particularly effectively on land and on board ships for protection and guard duties.

Navy support command, Pages 94 - 97

Along with the fleet command and the Navy department, the Navy support command is one of the three higher command authorities of the Navy and is headed by a rear admiral as commander. It is the Navy's logistics centre, managing every kind of defence material used in the Navy, from design to elimination. The armament, equipment, operation, supply and maintenance of the fleet are managed centrally from the Navy support command as the Navy's "logistics system".

The Navy support command's role involves providing for peace training activities in material terms. The Navy's crisis-reaction forces must be kept prepared in material terms for immediate deployment, and this must be ensured for a long period. After a preparatory period, the Navy's defence capability in material terms must be kept ready for deployment, and this supply status must be maintained.

The Navy support command is responsible for: Command of Navy management systems. This system centre handles Navy tasks that result from the planning, development and use of computer-supported management information systems (on land) and weapon deployment systems (on board) in the operative and tactical area of the Navy.

Command for combat trials of the Navy

This command is responsible for planning and carrying out combat trials with weapon systems and their assessment for use by personnel to evaluation of weapon practising in the usage phase. This includes exercises with missiles, artillery, torpedo and mines as well as the shooting trials of the Navy air arm in the context of mission training of the fleet, with and without live ammunition.

Navy sector command West has the responsibility for the area Lower Saxony, Bremen and Hamburg, the base Wilhelmshaven, the material depots Wilhelmshaven and Weener, the ammunition depots Aurich, Zetel and Oxstedt and a transport unit.

Navy sector command North has the responsibility for the area Schleswig-Holstein, the bases Kiel, Olpenitz and Eckernförde, the material depot Bargum, the ammunition depots Laboe and Enge-Sande and a transport unit.

Naval sector command East has the responsibility for the area Mecklenburg-West Pomerania, the base Warnemünde, the material depot Warnemünde and a transport unit.

Reservists, Pages 134 - 135
Role

Reservists' work is a task of the parliament and the federal government. To perform it adequately, the Association of the Reservists of the German federal armed forces receives funds from the defence budget. The Association of the Reservists of the German Federal Armed Forces speaks for all reservists, from able seaman to admiral.

The association performs work connected with defence policy, promotes military interests and provides contact to the active forces so that reservists can keep themselves fit in a military sense, also by participating in official events and training courses. The association regards itself as partner of the federal armed forces and, as representative of the interests of all reservists, takes a constructive part in the debate on defence policy.

Members

Members are reservists of all ranks, the numerical relationship of the groups of ranks to one another corresponding roughly to that of the federal armed forces. Via its national contacts with parties, parliament, the federal government and the federal armed forces, the association is integrated with its members internationally in the Association of Allied Reserve Officers and in the Association of European Reserve Petty Officers. At over 30 German universities students, the reservists of the federal armed forces, have formed study groups on security policy to keep in contact with federal armed forces.

The reservists of the federal armed forces form a highly motivated team that carries out training including constant exercises and is rapidly available where required to support the active units at any time.

Concluding remarks, Pages 136 - 137

"On the threshold of the year 2000 the German Navy is on the way to gaining a new, extended appreciation of security interests and how to prepare for them. To a greater extent than in the '80s, our forces are today an instrument of German foreign and security policy."* The inspector of the Navy sketched the course of the German Navy with this statement in a publication in January 1999.

The German Navy has in fact decisively changed its course since its creation after the Second World War, without however losing

sight of its goal. Up to 1989 the role of the German Navy, firmly integrated as it was in the North Atlantic alliance, was to protect the Baltic and the exits to the Baltic and safeguard the sea-lanes in the North Sea necessary for supply services. This role involved orienting the necessary naval forces and their capabilities to a potential opponent and a probable situation. The role changed with the reunification of Germany and the relaxing of international East-West tensions.

In addition to the continued task of protecting coasts, territorial waters and the sea-lanes necessary for trade along with the partners of the Atlantic alliance, the German Navy's wider role today also extends to crisis management and conflict prevention. The Navy as a versatile instrument of political leadership must be able to be deployed everywhere where Germany's security interests are affected. This means an extension of the scope for political action in crisis areas via fast reaction with naval units for exerting presence, engaging in surveillance or performing necessary measures. This is a wide range of deployment options for a balanced fleet that must be able to conduct surface and underwater naval war and naval operations from the air as well as defending against air threat. The Navy must carry out these roles both on the high seas, with the necessary logistics support, and in coastal waters, with appropriate capabilities for anti-mine operations. This requires various kind of units optimized for specific tasks or sea areas which operating in combination can contribute to carrying out a mission successfully.

In its current structure, containing all components for conducting naval war with combined forces, the German Navy is well able to fulfil its role, guaranteeing national defence in the sea areas around Germany, providing the political leadership with naval forces ready for deployment and making a contribution in the community of nations to secure peace.

*Vice Admiral Hans Lüssow "1848 – a signal for the Navy of today and tomorrow", Navyforum 1/2-1999

Cooperation between the German Navy and industry

The German Navy can rely on the services of a modern national shipyard and marine equipment industry with an international reputation. The changed political environment in recent years has forced the German defence sector to make considerable reductions in its capacities. There is even the risk of a loss of expertise in certain areas. However, naval shipbuilding is one of the technology areas for which the defence ministry considers it essential to maintain minimum capacities. The capacities of both shipyards and suppliers are regularly monitored.

A comparison of existing capacities with projects planned by the German Navy indicates that German naval shipbuilding cannot be maintained without exports. The foreign, economics and defence ministries have therefore shown a growing appreciation of shipyards' requests for support of their export activities. The ministries have displayed a great deal of understanding for the need of the defence industry to secure export orders in addition to national contracts and to preserve know-how in research and development and production of naval technology. This is all the more important in Germany because there are no Navy-owned shipyards, as is still the case in many other countries. German naval vessels are built exclusively by civil shipyards, which also engage in international shipbuilding of all kinds.

The German marine equipment industry claims a substantial share of construction programmes for the Navy and for export. For many years shipyards, which usually also act as prime contractors, have successfully cooperated with components suppliers as subcontractors for propulsion systems, electronic equipment and air conditioning, communication and weapons technology.

The German Navy was significantly dependent on foreign suppliers only in its early days. In particular, the suppliers of the NATO partners were largely responsible for the equipment installed in the submarines and frigates built in Germany. As a result of continuous research and development and production experience, German firms then achieved the international market position they now hold, assuming almost exclusive responsibility for manufacturing equipment installed in German newbuildings.

Today it goes without saying that torpedo, sonars and fire control systems as well as automatic control stands, optronic plants, propulsion systems of all types and navigation and telecommunications equipment are produced in Germany, the only exceptions being the propulsion turbines of frigates and gun and missile systems. However, German industry does not want to and indeed is not able to dispense with international cooperation or export orders.

In view of the necessary careful budgeting of the federal government and the dependency of defence contracts on political decisions, naval shipbuilders have to continue to win foreign orders in order to maintain, utilize and expand their capacities. This utilization of both human and plant capacities serves the German Navy by ensuring the preservation and acquisition of know-how in all areas of naval shipbuilding.

Employees are retained who are urgently needed for immediate maintenance orders to ensure units are ready for deployment.

The most economical production#, full acceptance of the risks involved with technological progress and permanent innovations are possible only if international cooperation and deliveries to friendly navies remain guaranteed in the future.

The cooperation within the German defence industry and between it and the German Navy that has become apparent in recent years is an important, positive development. Only in this way can the naval industry in Germany continue to remain competitive on the international market and offer reasonably priced products for the German Navy given the budgetary restraints.

Neither the defence industry nor the German Navy must be denied access to international experience from research, development or operation as a result of overly close political or contractual ties. Both parties acting on good terms with one another must be able to offer a product range that ensures the preservation of this special area for industry and guarantees a high level of technical reliability for the German Navy.

Am Reiseziel angekommen: Ankerwache auf der GORCH FOCK
The end of a voyage: Anchor watch on the GORCH FOCK